MARAFA HAMIDOU YAYA

LE CHOIX DE L'ESPOIR

Lettres de prison
2012-2025

Les éditions du Schabel

DU MÊME AUTEUR

Le choix de l'action, Les Editions du Schabel, 2014

ISBN: 978-9956-26-791-0

TABLE DES MATIÈRES

PRÉFACE

Treize ans d'enfermement, de privation, d'isolement.
Le choix de l'espoir

Treize ans d'enfermement, de privation, d'isolement.

Le choix de l'espoir est bien plus qu'un témoignage carcéral. C'est un manifeste politique, un miroir tendu aux fractures d'une nation, et une prophétie lucide des tempêtes à venir. À travers ces lettres, déclarations et entretiens rédigés entre 2012 et 2025, Marafa Hamidou Yaya, ancien pilier du régime Biya devenu son prisonnier le plus encombrant, démonte pièce par pièce les mécanismes d'un pouvoir qui préfère l'étouffement des consciences à la réforme.

Ce livre est d'abord un récit de chute. Celui d'un homme qui, après dix-sept ans de loyaux services au sommet de l'État, se retrouve accusé de « complicité intellectuelle de détournement » – un délit fantôme – pour avoir refusé de se plier aux codes d'un système clientéliste. Son procès, où l'absurde le dispute à la tragédie, révèle une justice aux ordres : des juges contraints de condamner sans preuve, des témoignages trafiqués, et une Cour Suprême qui avoue elle-même, par un arrêt en 2016, avoir prononcé sa sentence avant même de l'entendre. L'ONU qualifiera sa détention d'« arbitraire ». En vain.

Treize ans plus tard, Marafa est toujours en prison. Il est aujourd'hui aveugle. Non parce que son corps aurait trahi, mais parce qu'on lui a sciemment refusé une opération de la dernière chance. Cette cécité n'est pas un accident : elle est la conséquence directe d'une privation délibérée de soins. Cette atteinte grave à son intégrité physique contrevient à toutes les obligations posées par l'Ensemble de règles minima des Nations Unies pour le traitement des détenus, appelées « Mandela Rules ».

Mais Marafa ne se contente pas de dénoncer. De sa cellule, il ausculte les plaies du Cameroun avec la précision d'un chirurgien. La crise anglophone, qu'il analyse dès 2016 comme une bombe à retardement, éclate sous nos yeux : marginalisation linguistique, déni culturel, apartheid institutionnel. Il est alors l'un des premiers hauts responsables à briser le tabou. Il en identifie la racine – la trahison du pacte fédéral de 1972 – et propose des solutions audacieuses : un Conseil national de la réunification, un bilinguisme authentique, un retour symbolique au drapeau aux deux étoiles. « Le Cameroun ne sera sauvé que s'il assume sa dualité », écrit-il, prédisant l'escalade qui mènera aux massacres de 2020.

Sur le front sécuritaire, son diagnostic est tout aussi implacable. Boko Haram, selon lui, ne se combat pas seulement par les armes, mais en reconstruisant la confiance dans un Nord abandonné. Il lie l'extrémisme au désespoir des jeunes privés d'écoles, d'eau potable, d'état civil. Ses lettres dénoncent l'hypocrisie d'un État qui dépense 550 milliards de FCFA pour des stades de la CAN tout en laissant pourrir l'éducation, les hôpitaux et les routes – comme à Eséka, où un accident ferroviaire meurtrier en 2016 devient le symbole d'une incurie criminelle.

Pourtant, ce livre n'est pas un chant funèbre. C'est un projet, presque un testament. Marafa y esquisse les contours d'une « société de confiance » : éducation obligatoire jusqu'à 16 ans, réforme agraire, industrialisation, décentralisation radicale. Il puise dans son expérience de ministre – il fut l'architecte méconnu des élections de 2002, sauvées in extremis du chaos – pour proposer un régime semi-présidentiel rééquilibré, où le Parlement retrouverait son rôle de contre-pouvoir. Même emprisonné, il dialogue avec les chefs traditionnels, les religieux, la jeunesse, refusant de céder au tribalisme ou à la vengeance.

Le style est à l'image de l'homme : vif, ironique, lucide. Il cite Beccaria pour dénoncer les prisons surpeuplées, fait écho à Achille Mbembe pour nommer l'ensauvagement d'un régime devenu sourd à la loi, et détourne les mots des Spartiates pour interroger la fidélité au pouvoir.

Ces lettres sont accompagnées d'un bref commentaire contextuel, destiné à éclairer les faits évoqués ou à rappeler ce qu'elles annonçaient. Ces repères permettent de mieux mesurer la portée et la précision de l'analyse de Marafa.

En filigrane, une question hante ces pages : comment un régime peut-il à ce point craindre la parole d'un seul homme ?

La réponse est dans le titre. Car ce livre témoigne d'un choix obstiné de l'espoir, là où l'humiliation, le silence ou le renoncement auraient pu s'imposer.

Et c'est peut-être ce qui le rend plus redoutable encore.

Ce livre est un document, un avertissement, mais surtout une semence.

Il appartient désormais à chacun de lui donner racine dans le débat public, dans les écoles, dans les consciences.

Car l'histoire n'absout pas ceux qui savaient et n'ont rien dit.

L'éditeur

RÉSUMÉ DES LETTRES OUVERTES ÉCRITES ENTRE MON INCARCÉRATION LE 16 AVRIL 2012 ET L'OUVERTURE DE MON PROCÈS LE 16 JUILLET 2012

Ces premiers textes écrits depuis la prison de Kondengui tracent la ligne initiale de défense de Marafa. Il y affirme son innocence, rappelle **son rôle dans l'exécution des «hautes instructions»** concernant l'achat de l'avion présidentiel, et commence à interroger le sens politique de son arrestation. **La rapidité exceptionnelle de la procédure** — trois mois entre l'arrestation (16 avril) et la première audience (16 juillet) — signale **une instruction à charge**, conçue pour écarter un acteur politique jugé trop autonome. Ces lettres forment l'amorce d'un basculement public : **du silence à la dissidence**.

Monsieur Le Président de la République,

C'est de la prison centrale de Kondengui que je vous écris, après vous avoir servi sans discontinuer pendant 17 ans comme conseiller spécial, secrétaire général de la Présidence de la République et enfin ministre de l'Administration territoriale et de la Décentralisation.

Vous savez aussi bien que moi toute l'inanité de l'accusation portée contre moi. Je reviens sur elle plus loin car elle ne prend toute son ampleur que comme point terminal d'une longue chaîne de persécutions et de harcèlements. Qu'il suffise que j'affirme ici ma pleine innocence.

Les titres que je viens d'invoquer ne m'ont jamais importé en eux-mêmes. Ma position de proximité privilégiée avec vous au sommet de l'Etat a toujours eu pour moi le seul prix de me permettre d'oeuvrer, à ma mesure, à faire du Cameroun un pays moderne, une nation unie et une société de confiance.

C'est peu dire en fait que ma loyauté à votre égard n'a pas été motivée par l'ambition personnelle. Il faut bien avouer que mon indépendance d'esprit et mon objectivité, que je pensais être la meilleure aide que je puisse vous apporter, m'ont souvent et gravement nui.

Après la formation du gouvernement consécutive à l'élection présidentielle de 2004, vous m'avez demandé quelles étaient mon opinion propre et la perception du peuple sur sa composition. Je n'ai pas hésité à vous indiquer qu'avec 65 ministres et assimilés, le gouvernement apparaissait comme pléthorique et promis à inefficacité. Mais je suis allé plus loin et, débordant le cadre de votre questionnement, j'ai spontanément pris la liberté de vous dire que ce mandat devait être votre dernier. Ainsi votre énergie pourrait être employée toute entière à l'accomplissement des « grandes ambitions » que vous affichiez pour le Cameroun, sans le souci, qui vous aurait imposé de ne pas froisser certains en route, d'une autre réélection à venir. Ces vues m'ont valu des ennemis nombreux parmi ceux personnellement intéressés à votre maintien. Ils ont immédiatement fait circuler des rumeurs me prêtant l'ambition de vous succéder.

Quelques années plus tard, Issa Tchiroma allait se montrer particulièrement acharné à répandre des mensonges semblables sur moi après que, répondant à une question directe de votre part, je vous ai exposé les raisons pour lesquelles il était manifestement indigne de siéger au gouvernement –raisons dont j'ai vite compris qu'elle n'influerait pas sur votre décision, en réalité déjà prise, de lui confier un ministère.

J'ai opposé un front serein à ces attaques. Cependant, lorsqu'en novembre 2007, j'ai donné pour instruction au préfet du département du Mfoundi de ne pas donner suite à la demande manifestement illégale de prolongement de garde à vue administrative d'une vingtaine de personnes, dont 18 militaires de divers grades, votre entourage le plus proche m'a, franchissant un degré supplémentaire dans la calomnie, accusé de conspirer avec ces personnes pour déstabiliser la République.

Las d'une part de ce climat, mais surtout conscient de ne pouvoir accomplir mon travail sans votre absolue confiance, j'ai prêté attention à des offres d'emploi internationales qui m'étaient faites et qui me promettaient une vie à l'abri de ces odieuses calomnies. Néanmoins, à votre demande expresse, j'ai renoncé à ce projet pour continuer à vous prêter mon concours.

Ce cycle qui m'a vu présenter ma démission en réponse à des accusations infamantes, puis la retirer à votre demande en vue de l'intérêt du pays, s'est répété sous une forme intensifiée au cours des années suivantes. Ce fut le cas après les émeutes de février 2008, en raison de ma dénonciation des rapports incestueux entre le RDPC et l'Etat ainsi que de mon refus constant d'interdire les journaux et de mener une répression systématique et inutilement violente. Ce fut aussi le cas en juillet 2008, lorsque Mvondo Assam, vice-président de la commission de défense et de sécurité à l'Assemblée Nationale et votre neveu, vous a remis un rapport concernant ma prétendue «stratégie de conquête du pouvoir», et en février 2010, lorsque j'ai temporairement fait l'objet d'une interdiction de sortie du territoire alors que je présidais à Bertoua la commission mixte de sécurité entre le Cameroun et la République Centrafricaine.

Mes ennemis –mais ce sont moins les miens que ceux de la société de confiance dont le Cameroun a besoin- ont été plus doués pour vous convaincre de ma traîtrise que moi de ma loyauté. Les gages que je vous ai donnés au long de ces 17 années étaient pourtant plus tangibles que leurs chuchotements perfides. J'aurai bientôt l'occasion de rappeler le sacrifice que j'ai consenti de mon honneur personnel, ainsi, ce qui m'est plus douloureux, de celui de mon épouse, lorsque vous m'avez défendu de chercher réparation dans le cadre de l'affaire du crash du Boeing 737 de la CAMAIR à Douala en 1995.

Peu de temps avant la convocation du corps électoral pour l'élection présidentielle du 9 octobre 2011, vous m'avez donc fait recevoir par votre directeur du cabinet civil en votre nom. Il voulait savoir si je comptais me présenter contre vous. Il était clair désormais que vous donniez crédit à la rumeur selon laquelle j'aurais créé un parti politique clandestin.

Après la clôture du dépôt des candidatures, dont la mienne était naturellement absente, votre directeur du cabinet civil m'a reçu pour évoquer ma participation au nouveau gouvernement.

Mais le premier entretien m'avait définitivement convaincu que je ne bénéficiais plus de votre confiance, et que peut-être vous m'aviez toujours craint comme un rival. J'ai refusé catégoriquement cette offre.

Pour autant, je suis resté une cible. Même mon retrait volontaire vous semblait suspect. La presse s'est lancée dans des campagnes me dénonçant comme étant l'homme des Français. L'ambassadeur de France m'aurait rendu des visites clandestines au milieu de la nuit dans une voiture banalisée, tous feux éteints, pour élaborer des plans de changement de régime. Un grand industriel se serait posé secrètement à Garoua pour me rencontrer et me promettre de financer une insurrection. J'aurais levé dans l'absolue discrétion une armée de plus de six mille hommes. Accusations particulièrement insupportables pour moi qui n'ai jamais été préoccupé que de l'avenir du Cameroun et des Camerounais, et pourtant, à votre demande, j'ai encore à cette occasion renoncé à demander enquête et réparation.

Aujourd'hui, la persécution dont je fais l'objet est portée à un nouveau paroxysme et je me trouve emprisonné sur les ordres d'un juge corrompu. Sans surprise, le chef d'inculpation imaginé est absurde : j'aurais détourné des fonds publics à l'occasion de l'achat de votre avion présidentiel. En réalité, comme en 2004, comme en 2008, comme en 2010, c'est mon indépendance, mon inflexibilité à servir la nation contre tous les intérêts particuliers, qu'on veut punir : on craint toujours que je ne prépare l'avènement d'un régime ou les « arrangements » semblables à celui que me proposait le juge d'instruction du Tribunal de Grande Instance du Mfoundi ne seront plus possibles.

A compter du 16 avril 2012, date de mon incarcération, pour la première fois depuis le début de mon long service auprès de vous cette crainte est fondée.

Monsieur le Président, vous m'avez laissé emprisonner sans cause, ou plutôt au motif que même lorsque je vous servais je n'ai jamais servi que la nation camerounaise.

Ce faisant, vous m'avez définitivement ouvert les yeux et me forcez à cesser de vous être loyal.

Il m'a fallu passer moi-même par les mains de notre justice pervertie et rendue esclave du pouvoir pour voir enfin avec lucidité que vous ne serez pas celui qui tirera notre pays du tribalisme et des divisions à outrance, de la corruption, de la pauvreté et de la perte de confiance dans les institutions. Au contraire, vous les amplifierez si votre maintien au pouvoir est à ce prix.

Vous me forcez, depuis ma geôle, à me déclarer contre vous pour l'avenir du Cameroun.

DÉCLARATION FAITE DEVANT LE TRIBUNAL DE GRANDE INSTANCE DU MFOUNDI (YAOUNDÉ) À L'OCCASION DE LA PREMIÈRE AUDIENCE DE MON PROCÈS LE 16 JUILLET 2012

Publiée dans la presse nationale

Première apparition publique de Marafa depuis sa détention. Il y expose **les vices de procédure** : absence de notification claire des charges, impossibilité d'accéder aux pièces de procédure, flou juridique. Cette déclaration intervient lors d'une audience précipitée, au terme d'un calendrier judiciaire inhabituellement resserré. Elle inaugure une ligne de défense à la fois technique et politique, et confirme que l'affaire dépasse le cadre pénal pour s'inscrire dans une lutte pour que la **lumière soit faite publiquement**.

Monsieur le président et honorables membres de la collégialité, permettez-moi tout d'abord de vous présenter mes très sincères excuses pour n'avoir pas pu me présenter devant vous lundi 02 juillet dernier. Je croyais que je devais le faire en présence de mes avocats que je n'avais pas pu joindre dans les délais, compte tenu de mes conditions de détention.

Par rapport à mon prétendu refus de déférer aux convocations du juge d'instruction, j'avais cru demander sa récusation pour des raisons qui me semblaient fondées. La Cour d'appel a rejeté ma requête. Je me suis naturellement plié à cette décision. Cependant, le juge s'obstinait à vouloir m'entendre sans la présence de mes avocats que je ne pouvais pas voir, ni joindre pendant les premières semaines de mon transfert au secrétariat d'Etat à la Défense.

D'autre part, mon mandat de détention n'indiquait pas le motif précis de mon inculpation et de mon incarcération ; et le juge me refusait l'accès aux pièces de procédure du dossier d'instruction. Pièces que je n'ai toujours pas reçues au demeurant.

Mes avocats l'ont saisi à maintes reprises à cet effet, mais en vain. Le 26 juin, soit 70 jours après mon arrestation, le juge d'instruction a rendu son ordonnance de renvoi.

Monsieur le président et honorables membres de la collégialité, je ne m'attendais pas à me présenter devant vous comme détenu ; car depuis plusieurs années, je réclame un procès transparent et équitable afin que je m'explique sur toutes ces affaires où l'amalgame se le disputait avec la manipulation de l'opinion.

L'ordonnance de renvoi permet enfin de circonscrire les faits par rapport à ce qu'il m'était reproché au moment de mon arrestation et j'espère que toute la vérité sera faite sur ce chef d'accusation également.

Je réitère toute ma disponibilité et tout mon engagement à contribuer et à collaborer pleinement à cet effet. Je crois à la vérité qui seule permettra enfin de me rendre justice dans cette affaire d'acquisition d'un avion Boeing BBJ-II neuf dont je n'ai connu que le début d'exécution et où je n'ai été guidé que par la volonté de doter notre pays d'un instrument de souveraineté et d'un instrument de travail permettant au président de la République d'effectuer ses déplacements en toute sécurité, dans un environnement particulièrement difficile.

Je vous remercie.

DÉCLARATION FAITE DEVANT LE TRIBUNAL DE GRANDE INSTANCE DU MFOUNDI (YAOUNDÉ) AVANT LE PRONONCÉ DU VERDICT DE MON PROCÈS LE 22 SEPTEMBRE 2012

Cette intervention précède un **verdict attendu**. **Il sera prononcé à 3h30 du matin**, en pleine nuit — une rareté juridique, presque clandestine. Marafa s'adresse alors moins aux juges qu'à l'histoire. Il rappelle son engagement loyal au service de l'État, dénonce l'iniquité du procès, l'impossibilité d'accéder aux pièces de procédure et assume une posture de dignité face à l'injustice. Cette déclaration ancre sa parole dans une perspective mémorielle, et fait du procès **un moment de vérité politique, où l'histoire commence à juger à son tour**.

Monsieur le Président, Honorables Membres de la Collégialité,

J'attendais ce moment avec impatience. Impatience comblée, puisque j'ai pu m'expliquer devant la Justice de mon Pays et puisque l'accusation n'a pu produire aucune preuve de ses allégations.

Monsieur le Président, Honorables Membres de la Collégialité,

Que puis-je dire pour conclure ma défense que n'aient pas déjà dit mes avocats, au cours d'une démonstration qui n'a pu vous laisser aucun doute sur ma pleine innocence ?

Que puis-je dire que je n'aie pas moi-même déjà dit dans mes «lettres ouvertes» écrites depuis ma prison ?

Où que je me tourne dans cette affaire, je ne rencontre que des éléments inventés ou détournés par mes accusateurs, et ils en sont les premiers conscients.

Ou peut-être devrais-je revenir sur les aspects les plus grossiers de cette machination, qui ne vise qu'à me punir pour avoir toujours refusé, au cours d'une carrière de plus de 30 ans au service de mon Pays, de mettre les intérêts particuliers d'un petit groupe avant les intérêts de la Nation ?

Je pourrais ainsi avec ironie, demander de quoi m'accusent exactement mes adversaires : est-ce d'être malhonnête ou d'être idiot ? Car, à moins d'être un parfait imbécile, comment aurais-je pu envisager que passerait inaperçue une opération consistant à passer une fausse commande pour un avion présidentiel, et à détourner 29 millions de dollars sur les 31 devant financer l'achat ?

Comment aurais-je pu croire que personne ne se rendrait compte que l'avion, bien que payé, n'était jamais arrivé ?

Mais ce n'est pas de cela que je veux vous parler, car l'enjeu de mon procès n'est pas là. Je veux parler de notre Pays, de la situation actuelle et à venir, car c'est de cela qu'il est réellement question ici.

Notre Pays, vous me laisserez dire que je le connais bien et que je l'aime.

Je le connais du Nord où je suis né, au Sud où j'ai fait mes études et ma carrière, du Littoral d'où vient mon épouse, née Djanga Jeannette, à l'Ouest francophone et anglophone où je compte tant d'amis.

Je l'ai parcouru de part en part, en tant que ministre de l'Administration territoriale et de la Décentralisation.

Non seulement je le connais, mais je lui dois tout, et j'ai essayé sans relâche de lui payer ma dette de gratitude.

Je suis né dans une famille modeste, comptant douze frères et soeurs et fortement imprégnée de nos traditions et de nos valeurs. Mon père, commerçant modeste, m'a inculqué le sens de l'effort, de la valeur du travail et le sens de l'économie.

Après mes études supérieures à l'Université de Yaoundé et

grâce à une bourse, j'ai pu faire des études aux Etats-Unis. A mon retour, alors que j'avais des offres d'emplois plus lucratives dans le privé, j'ai choisi de servir l'Etat qui m'avait tant donné, et qui allait encore me combler de ses bienfaits.

C'est pourquoi j'ai été profondément meurtri lorsque j'ai été accusé d'avoir spolié l'Etat et par-delà lui, mon Pays.

J'ai immédiatement demandé au président Paul Biya la possibilité de venir m'expliquer devant la Justice. On a préféré m'emprisonner, me condamner par avance aux yeux de l'opinion publique, avant de me faire comparaître devant vous.

Monsieur le Président, Honorables Membres de la Collégialité,

Jugez-moi, et si telle est la loi, condamnez-moi pour avoir obéi aux instructions du président de la République concernant l'achat de l'avion présidentiel.

Jugez-moi, et si telle est la loi, condamnez-moi parce que je représente une menace pour un petit groupe qui a pour seul objectif son propre enrichissement et l'accaparement permanent du pouvoir, serait-ce au détriment du plus grand nombre, serait-ce au prix de divisions tribales et sociales exacerbées, serait-ce au prix d'un développement et d'un progrès retardés.

Jugez-moi, et si telle est la loi, condamnez-moi parce que, fort du soutien de mes compatriotes, je suis désormais porteur parmi tant d'autres, d'une espérance pour notre Pays.

Mais ne me condamnez pas pour des faits de détournements de biens publics que je n'ai pas commis, auxquels je n'ai pas participé, et dont je n'ai pas profité.

Votre jugement, quel qu'il soit, marquera l'Histoire de notre Pays. Vous ne vous laisserez ni impressionner ni manoeuvrer.

Monsieur le Président, Honorables Membres de la Collégialité,

Mes conseils ont répondu aux accusations avec précision et démontré je l'espère, mon innocence. En effet, il est normal, que responsable politique, responsable public ou privé, on puisse rendre compte devant la Justice.

Votre jugement dira à tous ceux qui pensent que l'on peut instrumentaliser la Justice, que l'Etat de Droit ne saurait s'accommoder des méthodes qui accréditent dans l'esprit de nos compatriotes l'idée qu'en dehors de l'action régulière de l'Autorité Judiciaire, il existe des groupes d'individus formant des tribunaux occultes et établissant une justice parallèle que seule la justice républicaine est normalement en droit de rendre et ce, dans le seul dessein de satisfaire des ambitions et des intérêts privés.

Autrement, le citoyen camerounais finira par s'accoutumer à ce poison qui met en péril notre pacte social et la société de confiance que nous devons bâtir.

Comment pourrait-il assurer à ses enfants que l'observation de la loi et le respect des Droits de l'Homme sont l'ultime rempart contre l'arbitraire et l'abus de pouvoir, si la République se double d'un microcosme régi par des normes dictées par la seule ambition personnelle de quelques-uns ?

Monsieur le Président, Honorables Membres de la Collégialité,

Reconnaître mon innocence, et la reconnaître publiquement, sera votre manière de marquer que le temps est venu d'arrêter cette marche vers la dissolution de notre Nation, et de retrouver le chemin qui nous mène vers l'avènement d'une Société de Confiance.

Au moment où s'approche la fin de mon procès, me vient à l'esprit la plus célèbre épitaphe, celle des guerriers spartiates tombés aux Thermopyles dans la Grèce antique, qui dit : «Passant, vas dire à Sparte que nous sommes morts ici pour obéir à ses saintes lois». Aujourd'hui, je serai tenté de dire ici: « Passant, vas dire à Etoudi que je suis prisonnier ici pour avoir obéi à ses Hautes Instructions ».

Et que Vive la Justice, Vive la République, Vive le Cameroun.

LETTRE OUVERTE AUX CAMEROUNAIS AU LENDEMAIN DE MA CONDAMNATION, SUR LA POURSUITE DE MON ACTION AU SERVICE DU PAYS

Publiée le 8 octobre 2012 dans la presse nationale.

Condamné à 25 ans de prison, **Marafa s'adresse au peuple, et non plus aux institutions**. Il expose les irrégularités du procès, mais surtout inaugure une nouvelle séquence : celle d'un engagement citoyen depuis la détention. Il affirme sa volonté de continuer à servir le Cameroun autrement, et appelle **à bâtir une société de confiance et de responsabilité, sans appel à la violence**. Ce texte marque le début d'une parole politique durable, enracinée dans l'épreuve.

Mes chers compatriotes,

Mes premiers mots après ma condamnation inique du 22 septembre 2012 sont pour vous exprimer toute ma gratitude pour le soutien moral que vous m'avez apporté depuis mon emprisonnement.

C'est dans la confiance que vous m'avez gardée, malgré ces campagnes calomnieuses, que j'ai puisé le courage et la détermination d'écrire ces lettres qui ont ouvert la voie et l'espoir du changement dans notre pays.

Je vous demande avec humilité de me maintenir votre soutien, non seulement parce qu'il m'aidera à traverser cette épreuve, mais aussi parce que grâce à lui, nous pouvons ensemble, dès maintenant, changer notre pays.

En effet, c'est parce que vous me soutenez que l'actuel chef de l'Etat, lui qui n'a jamais manifesté la moindre sollicitude pour nos compatriotes dans la peine, et qui craignant, en raison de ma condamnation programmée, de s'aliéner les populations du Nord, s'est déplacé, en catimini, à Garoua et à Maroua auprès des populations sinistrées.

C'est parce vous me soutiendrez qu'ensemble nous contraindrons l'actuel chef de l'Etat à engager les réformes promises depuis des lustres, et dont notre pays a tant besoin. Il s'agit notamment du nouveau code électoral consensuel et des institutions prévues par la Constitution, en l'occurrence le Sénat et le Conseil Constitutionnel, institutions garantes d'une transition pacifique.

C'est parce que vous me soutiendrez que nous pousserons l'actuel chef de l'Etat à lutter réellement contre la corruption et à traduire en justice les vrais auteurs de détournements de biens publics, dont certains plastronnent aujourd'hui au gouvernement, alors que les preuves de leur forfaiture sont établies.

Le soutien que je vous demande de m'apporter est un soutien moral. En aucun cas, il ne doit favoriser ni la violence ni le trouble à l'ordre public.

Fort de votre soutien, je m'engage devant vous solennellement à poursuivre mon combat pour qu'advienne au Cameroun LA SOCIÉTÉ DE CONFIANCE porteuse de la paix, de la sécurité, de la justice et de la prospérité partagée, à laquelle nous aspirons tous.

Mes chers compatriotes,

Après les affres de la rentrée scolaire et des inondations, les Camerounais renoueront avec le sentiment de pauvreté, la décrépitude des hôpitaux, l'insécurité, la déliquescence des infrastructures existantes ou l'incapacité d'en construire de nouvelles : une fois encore, l'appel d'offres pour le second pont sur le Wouri vient d'être déclaré infructueux ! Tandis que le démarrage des chantiers des entrées Est et Ouest de la ville de Douala est renvoyé aux calendes grecques !

Après la pantalonnade de mon procès qui n'avait pour autre

objectif que de m'écarter de la vie publique, et surtout, de détourner votre attention de l'échec cuisant de la politique actuelle, les Camerounais se verront bientôt proposer d'autres bouffonneries judiciaires dans le seul but de dégager toute la responsabilité de l'actuel chef de l'Etat dans l'impasse politique, économique et morale où se trouve acculé le Cameroun.

Pourtant, dans cette période où vous êtes assaillis par le doute et la morosité, je vous adresse un message d'espoir dans le changement qui vient. Je suis persuadé que dès maintenant, de la prison où je suis assigné et de la place où vous êtes, nous pouvons agir ensemble pour freiner l'abaissement progressif de notre Pays. Pour celà, il est inutile d'attendre sept ans ou bien je ne sais quelle autre échéance. Pour nous, pour tous ceux qui n'entendent pas céder au découragement, L'AVENIR C'EST MAINTENANT.

Mes chers compatriotes,

La vie est un maître sévère. Les épreuves qu'elle m'impose aujourd'hui sont le moyen de lui rendre un compte rigoureux de ma volonté, de mon engagement et de ma capacité à conduire notre pays sur le chemin du changement et de l'espoir.

Je suis prêt.

Vive la République. Vive le Cameroun.

ENTRETIEN AVEC SLATE AFRIQUE SUR MA VISION DE L'AVENIR DU CAMEROUN

Mis en ligne le 12 janvier 2013 sur le site slateafrique.com.

Dans cet entretien, Marafa prend de la hauteur. Il ne se contente pas de revenir sur sa détention, mais formule **une vision pour le Cameroun** de demain. Il insiste sur quatre piliers : l'État de droit, une décentralisation effective, la lutte réelle contre la corruption et une gouvernance fondée sur la compétence. Il y dessine **une alternative crédible**, modérée, structurée. Ce texte est l'un des premiers à faire exister, depuis la prison, **une parole constructive, tournée vers l'avenir**.

NOTE DE SLATE AFRIQUE SUR LE CONTEXTE POLITIQUE DE L'ENTRETIEN

En ce début 2013, le président camerounais Paul Biya entame la deuxième année de son « programme de grandes ambitions » lancé à l'occasion de sa troisième réélection pour, censément, réaliser la promesse de hisser le Cameroun au rang de pays émergent.

De nombreux Camerounais sont sceptiques quant aux chances de succès de ce défi, présenté par Paul Biya comme une « marche de longue haleine vers la prospérité », mais assimilé par ses adversaires à « une course contre la montre ».

Paul Biya a récemment fêté ses 30 ans d'exercice continu du pouvoir et célèbrera en février prochain son 80e anniversaire. Quel bilan, ou au moins, quel inventaire rapide tirer de « l'ère

Biya » ? Le pouvoir serait bien en peine de vanter ses « grandes réalisations » puisqu'il en est encore au stade des « grandes ambitions ». Il insiste donc sur l'efficacité de son action pour assurer la « stabilité » du pays. Il est vrai qu'en dehors de la tentative de coup d'état du 6 avril 1984 et des émeutes qui ont secoué Douala en mars et avril 1991, puis en 2008, il n'y a pas eu de secousses majeures. Mais sur le front économique et social, le pays s'est davantage enlisé que stabilisé, et a fortiori redressé.

Mais ces alertes ont traumatisé durablement le pouvoir, le poussant de plus en plus à se refermer et à ne se préoccuper que de sa seule survie. Cette logique, dont la suppression en 2008 de l'article constitutionnel fixant à deux le nombre maximum de mandats présidentiels est un exemple frappant, a eu un coût considérable sur le front économique et social, marqué par un véritable enlisement, voire une régression.

La longévité au pouvoir n'est ni une bonne ni une mauvaise chose en soi. Mais, indubitablement, dans le cas de Paul Biya elle se conjugue avec l'usure, l'immobilisme et la hantise du complot.

Sur la scène politique camerounaise, « parler d'alternance revient presque à proférer un tabou, à afficher une rivalité ou à passer pour un dangereux subversif » déplore sous le sceau de l'anonymat un journaliste pourtant proche du RDPC, le parti présidentiel.

Les nombreux « détenus politiques » de la prison centrale de Yaoundé peuvent en témoigner. Après avoir appartenu aux plus hautes sphères du pouvoir, ils ont connu une chute brutale, conséquence dans la majorité des cas, non de fautes ou manquements avérés, mais de « rivalités chroniques dans le premier cercle des collaborateurs officieux ou officiels du chef d'État ».

«Ces personnes ne sont visées par aucun règlement de comptes politiques. Elles ont été arrêtées, jugées et condamnées pour des crimes économiques», s'est toujours défendu le pouvoir. Il est vrai qu'en 2004 la lutte contre la corruption a été érigée en programme national baptisé « opération Épervier » sous la pression des bailleurs de fonds du Cameroun, qui figurait parmi les pays les plus corrompus du monde.

Hamidou Yaya Marafa estime que ce mécanisme anti-corruption a été « dévoyé et servi de machine de guerre politique au régime de Paul Biya », comme il l'explique dans cette interview exclusive que nous avons réussi à mener malgré sa détention à la prison centrale de Yaoundé.

Régulièrement, l'ancien secrétaire général de la Présidence de la République publie des lettres ouvertes à caractère politique largement relayées par la presse privée camerounaise.

ENTRETIEN AVEC MARAFA

Slate Afrique - Le verdict remonte au samedi 22 septembre dernier. Vous avez été condamné à 25 ans de prison pour un délit que vous avez toujours nié avoir commis. Dans quel état d'esprit êtes-vous ?

M.H.Y - D'abord, je me sens serein et la conscience tranquille. Je sais que je suis innocent, mais le tribunal le sait aussi et l'a reconnu. Lisez le verdict, vous n'y trouverez aucune trace de détournement de fonds ou de recel. Aucune tache sur mon honneur et ma probité.

Ensuite, et surtout, je reste déterminé à mener le combat. Pas un combat personnel entre deux individus qui seraient l'actuel chef de l'État et moi.

Non, la lutte, décisive, est pour que la justice reste ou redevienne garante de notre liberté à tous et ne soit plus mise à la botte du régime actuel.

Il en va de l'avenir de mon pays, ce qui explique le soutien que je reçois de mes compatriotes, un soutien qui se renforce depuis ma condamnation.

L'espoir qu'ils placent en moi me donne la force et soustrait du temps immobile de la prison. Je suis tourné vers les changements qui doivent et qui vont advenir.

SlateAfrique - Mais si personne, pas même le tribunal, ne vous croit coupable, pour quoi avez-vous été condamné ?

M.H.Y - Tout ce qu'il a trouvé pour me condamner est un fait de complicité «intellectuelle». Pour cela, il s'est fondé uniquement sur ma relation amicale avec un des coaccusés au moment des faits. En passant, vous voyez les trésors d'invention nécessaires pour trouver la moindre base à ce qui équivaut à une condamnation à vie.

SlateAfrique - Ce coaccusé, c'est le milliardaire Yves Michel Fotso. Il a bien, lui, été condamné pour détournement. Vos relations avec lui, les regrettez-vous ?

M.H.Y - Je les assume, mais je retiens la leçon. Le monde des affaires et celui de la politique doivent se tenir à distance l'un de l'autre. Autrement, il y a danger pour les politiques, même sans faute, et j'en suis la preuve vivante. Il y a danger également pour les hommes d'affaires, car in fine la famille Fotso a sans doute beaucoup perdu.

SlateAfrique - On vous soupçonne de vous être enrichi illégalement au pouvoir. Etes-vous un homme riche ?

M.H.Y - Par rapport à la moyenne de nos compatriotes, oui. Je suis un homme riche puisque mes revenus sont supérieurs à mes dépenses, que mes dépenses sont conformes à mes besoins, et ce n'est malheureusement pas le cas de beaucoup de Camerounais.

Par rapport à mes camarades qui ont choisi le privé, comparaison que j'ai eu évidemment souvent l'occasion de faire, clairement non. Et c'est bien ainsi.

Mon patrimoine est connu. Je l'ai acquis, et il est aisé de le vérifier, en ayant essentiellement recours à des prêts bancaires, que j'ai remboursés grâce à mon traitement de ministre et à mes jetons de présence comme président du conseil d'administration de sociétés publiques.

SlateAfrique - Revenons sur l'affaire de l'avion présidentiel, « l'affaire albatros ». Vous ne vous reconnaissez donc aucune responsabilité dans ce dossier ?

M.H.Y - Non, aucune. J'ai déjà dit que le tribunal ne m'a trouvé coupable d'aucune malversation. Permettez-moi d'être plus détaillé, et de vous dire quelles ont été ses réponses aux questions essentielles suivantes : ai-je pris l'initiative de commander cet avion ? Non. Ai-je pris la décision, ou ai-je été informé préalablement de la décision, de virer 31 millions de dollars à la société retenue au lieu d'émettre une lettre de crédit comme c'était prévu ? Non.

Ai-je pris l'initiative ou ai-je décidé de commander un autre avion que celui initialement prévu ? Non. Ai-je participé de près ou de loin à l'accord par lequel l'État du Cameroun et le vendeur se sont entendus pour solder cette affaire, et par lequel les deux parties renonçaient à toutes poursuites ultérieures ? Non.

Enfin, y a-t-il trace d'une somme d'argent que j'aurais reçue dans le cadre de ce dossier ? Non.

Vous voulez mesurer à quel point les accusations portées contre moi sont grotesques ? Un mois à peine après ma condamnation, mon successeur au Secrétariat Général à la Présidence de la République, a été condamné, et pourquoi ? Pour avoir tenté de détourner ces mêmes 31 millions de dollars qui sont censés déjà avoir été dérobés !

SlateAfrique - En voulez-vous aux juges ou aux puissants qui vous ont succédé ?

M.H.Y - Je ne peux pas en vouloir aux magistrats. Les juges étaient sous la pression du régime, ils ont cédé. Comment exiger d'eux un courage dont nous-mêmes, nous ne faisons pas toujours preuve ?

SlateAfrique - Ce pardon s'étend-il à certains de vos anciens collègues ministres ou camarades du RDPC, qui semblent vous lâcher ?

M.H.Y - Ni pardon ni blâme. Chacun est libre de se déshonorer, mais doit en porter la responsabilité. Un proverbe dit: «Le sot ne pardonne rien et n'oublie rien, le naïf oublie et pardonne, le sage pardonne, mais n'oublie pas. » Je fais le choix de la sagesse.

SlateAfrique -Vous dites « sage », c'est- à-dire dépassionné, mais à la sortie du tribunal vous-vous êtes déclaré "déçu, mais pas vaincu». N'était-ce pas du

ressentiment ?
M.H.Y - Nullement ! Je me souviens de ce spectacle pathétique donné par le principal témoin de l'accusation, un ancien ministre des Finances, transpirant de peur car il avait pour instruction de m'accabler et que, malgré ses efforts pour tordre la vérité, il ne pouvait que me disculper des principales charges contre moi.

D'ailleurs, cette condamnation n'est pas une défaite pour moi, mais l'échec d'une volonté du pouvoir de me mettre à mort politiquement. Ils en sont réduits à des expédients pour assurer leur fragile survie politique. La peur est de leur côté. Pas du mien. Je n'exagère pas en disant que moralement, émotionnellement et intellectuellement, je suis en pleine forme. Ne donnez aucun crédit aux ragots qui me disent déprimé et suicidaire.

SlateAfrique - Craignez-vous pour votre vie ?
M.H.Y - Je ne suis pas craintif de nature, mes lettres ouvertes l'ont démontré. Cependant, je sais que ma vie est menacée. Depuis 5 ans certains ont programmé mon élimination physique immédiate en cas de vacance du pouvoir. D'autres demandent ma déportation à la prison de Yoko, ce qui vaut aussi condamnation à mort, mais à petit feu.

SlateAfrique - Depuis 5 ans, dites-vous. À quoi correspond cette date ? Qui sont ces gens qui vous en veulent à ce point ?
M.H.Y - La date correspond au lendemain des élections législatives de 2007. À ce moment, certains hommes politiques ont commencé à se projeter, légitimement, dans l'après-Biya. D'autres, tapis dans l'ombre, les ont vus comme des adversaires dangereux. Je les inquiétais particulièrement. Il fallait se débarrasser de moi.

C'est le début des campagnes de presse contre moi, mettant en cause mes moeurs et mon honnêteté. Au passage, ces manoeuvres me rappellent un autre proverbe : "Vous voulez savoir ce que vos ennemis ont à se reprocher ? Voyez de quoi ils vous accusent pour vous salir".

Dans un premier temps, ces campagnes n'ont affecté en rien la confiance que me témoignait le Chef de l'État. Mes accusateurs de l'ombre ont inventé alors, une variété de scénarios absurdes : j'avais levé une force armée prête à fondre sur la capitale, ou par ambition personnelle j'avais décidé de me présenter contre le Président en 2011, ou j'étais le pion des États-Unis et de la France qui avaient décidé de l'écarter du pouvoir.

Tout cela veut dire trois choses : d'abord, évidemment, mon procès est politique. Ensuite, il a commencé dès 2008, au lendemain de la modification de la constitution ouvrant la voie à une nouvelle candidature du Président Biya, car il a fallu préparer l'opinion publique à ma condamnation. Enfin, c'est le jour de mon arrestation, le 16 avril 2012, que le verdict a véritablement été rendu. Ce qui a suivi n'était que pour la forme.

SlateAfrique -Si vous pressentiez tout cela, pourquoi ne pas avoir démissionné, voire quitté le pays, avant votre arrestation ?

M.H.Y - Certains responsables, à des niveaux insoupçonnés, m'avaient proposé de me faire quitter le pays. D'ailleurs, je m'interroge encore sur la sincérité de leur démarche. Mais j'ai fait le choix de rester, car je voulais m'expliquer devant la justice sur cette affaire complexe qui mettait en cause mon honneur.

SlateAfrique - Quelles étaient vos relations avec Paul Biya ?

M.H.Y - C'est un homme mystérieux. De mon point de vue, nos relations ont toujours été bonnes : confiantes, franches, mais limitées à la sphère professionnelle. Il m'a confié de très importantes responsabilités et fonctions auxquelles je n'ai objectivement jamais failli.

SlateAfrique - Comment expliquez-vous son revirement à votre égard ?

M.H.Y - Je ne cherche pas d'explications. Mon regard se porte vers l'avenir, et, dans cette perspective, je ne pense pas à lui. Ma seule crainte pour mon pays est que le chef de l'État ne soit poussé à prendre des décisions de plus en plus mauvaises pour le bien commun, et mon affaire en est une illustration. Un jour sûrement ils finiront par se débarrasser de lui.

SlateAfrique - Vos propos semblent dégager le Président Biya de toute responsabilité dans la gestion des affaires du pays, et dans la vôtre en particulier.

Ce serait surprenant.

M.H.Y - Non, pas du tout, je ne l'exonère pas. Seulement, alors que tout le monde s'accorde pour reconnaître en lui un habile politicien, il pose désormais des actes qui ne lui ressemblent guère, et qui créent dans notre pays une situation de tension sans précédent depuis 1984. Il ne semble donc pas avoir les mains libres. Ce qui est déjà une faute extrêmement grave, il est vrai.

SlateAfrique - Le Cameroun vient de fêter le trentième anniversaire de l'accession au pouvoir de Paul Biya. Quel regard portez-vous sur cette période ?

M.H.Y - Il vous suffit de lire la presse locale et internationale pour constater qu'elle est assez unanime pour parler d'échec.

Pour ma part, je parlerai plutôt d'erreurs : à chaque fois, au cours de ces 30 ans, que Paul Biya a eu à choisir entre la modernisation politique et économique de notre pays, avec les risques de perturbations inhérents à cette démarche, et l'immobilisme garant, selon lui, de la paix civile, il a choisi l'immobilisme. C'est ce qui fait que nous avons aujourd'hui un pays au bord de conflits sociaux et politiques sans précédent.

SlateAfrique - Que représente aujourd'hui Paul Biya pour le Cameroun et pour vous ?

M.H.Y - Paul Biya a été le symbole d'une transition politique pacifique en 1982. Aujourd'hui, on attend qu'il en soit le garant.

SlateAfrique - Que voulez-vous dire ? Souhaitez-vous qu'il se démette de ses fonctions comme le président Ahidjo ?

M.H.Y - Libre à lui de le faire. Mais là n'est pas mon propos. Le monde a changé depuis 1982, il n'appartient pas au Président de la République de désigner son successeur. En 1982, peu de gens connaissaient l'actuel Président, mais les Camerounais étaient si heureux et fiers de cette transition pacifique que tous, moi le premier, lui ont apporté leur soutien. Aujourd'hui, nous attendons avant tout de lui qu'il mette en place les institutions politiques qui assureront une succession pacifique et démocratique lorsqu'il quittera le pouvoir. Or, rien n'est en place, ce qui expose notre pays à de multiples dangers.

SlateAfrique - Croyez-vous à un risque de guerre ci-

vile dans votre pays, où les tensions ethniques sont grandes ?
M.H.Y - Non, ce risque est faible. Cependant, certains pompiers pyromanes agitent le spectre d'une guerre ethnique, comme au Rwanda, tout en créant dans l'ombre une situation propice à une prise ou un maintien du pouvoir dans les mains d'une même clique. De fait, ils sont les maux dont ils prétendent être le remède.

Je sais que notre unité nationale est encore fragile. Depuis la fin de la guerre froide, en Afrique comme ailleurs, on constate des replis identitaires sur des bases non seulement ethniques, mais aussi religieuses, linguistiques et culturelles, générationnelles, et selon le clivage mon rural/monde urbain.

Ces lignes de rupture potentielle peuvent en effet menacer le pacte républicain, mais cela ne peut en aucun cas justifier l'immobilisme politique et économique. Au contraire, le meilleur remède contre le risque de guerre civile, c'est l'initiative et l'action.
Slate Afrique - Pourtant le gouvernement vient de lancer un programme de grandes réalisations. N'est-ce pas une forme d'action ?
M.H.Y - Soyons sérieux un moment. Qui peut croire à la construction d'une nouvelle raffinerie à Kribi, ou à la construction d'une voiture « made in Cameroun » en 2013 ? C'est une politique de grandes illusions, pas de grandes réalisations. Ces projets sans aucune pertinence économique ne trouveront pas d'investisseurs, et ils ne servent qu'à masquer une incapacité à mener à bien les vrais projets importants tels que le Pont sur le fleuve Wourri. Les populations et les opérateurs économiques l'attendent depuis plus 20 ans. Que le gouvernement crée déjà les 25 000 emplois jeunes promis par l'actuel chef de l'État, qu'il mette fin aux pénuries d'eau et d'électricité, et il gagnera en crédibilité !
SlateAfrique - Mais, vous avez vous-même exercé de hautes fonctions au gouvernement. Vous sentez-vous une part de responsabilité dans cet échec ?
M.H.Y - Je vais répondre à votre question par des questions. Suis-je fier d'avoir sauvé l'organisation des élections législatives et municipales de 2002 dont l'impréparation nous

menait droit aux émeutes ? Suis-je fier d'avoir oeuvré pour une amélioration sensible du processus électoral vers plus de transparence ? Suis-je fier d'avoir amorcé, en dépit de toutes les entraves et résistances, le processus de décentralisation indispensable à la modernisation de notre pays ? Ai-je avec insistance attiré l'attention du chef de l'État sur la nécessité d'engager des réformes institutionnelles et économiques ? Mais je ne veux pas revenir sur le passé. Seul importe l'avenir, et pour le construire, mon expérience peut utilement servir mon pays.

Slate Afrique - Qu'est-ce qui pourrait, selon vous, remettre votre pays sur le chemin de la croissance ?

M.H.Y - Le projet dont je suis porteur est fondé sur l'idée d'une société de confiance. Confiance en soi que la nation doit retrouver, et confiance des citoyens entre eux. Sans cette confiance, la reconstruction de notre pays sera impossible.

Slate Afrique - Pourquoi parler de reconstruction ? N'est-ce pas excessif ?

M.H.Y - Non. Il s'agit de cela et de rien de moins que cela. Depuis 25 ans, les investissements, exception faite du secteur des mines et de l'énergie, sont en chute libre. L'accès à l'eau, à l'électricité, aux soins médicaux est de plus en plus difficile. L'environnement naturel a dans certaines régions été saccagé, dans d'autres la pollution augmente dangereusement. Tout cela dans un contexte où la corruption ne cesse de progresser. Mais le préalable à cette reconstruction, j'insiste sur cette dimension qui peut sembler abstraite, mais qui ne l'est pas du tout, c'est que nous retrouvions confiance en nous. Or, aujourd'hui, c'est le règne de la méfiance. On se méfie du voisin qui n'est pas de son ethnie, on se méfie du douanier, du policier, de l'inspecteur des impôts, de l'examinateur, du médecin, des résultats des élections, de la presse, de la justice, de l'État. Reconstruire la confiance pour reconstruire le pays, voilà la route que doit prendre le Cameroun.

SlateAfrique - Ce projet politique, comment comptez-vous le conduire ? Comment envisagez-vous la suite ?

M.H.Y - Nous avons entrepris avec mes avocats de faire appel du jugement. Nous avons la volonté d'épuiser tous les recours de droit. Cependant, je ne me laisserai pas enfermer dans la

sphère judiciaire. Elle est secondaire par rapport au combat politique, que je poursuivrai sans relâche.
SlateAfrique - Continuerez-vous à publier vos lettres?
M.H.Y - Pensez-vous que je prendrais une position si forte pour finir par dire, piteusement, à mes adversaires : "Si vous cessez de dire des mensonges sur moi, eh bien, je m'abstiendrai de dire la vérité sur vous."

Je ne crains rien. Même si les coups sont rudes. Je continuerai à publier mes lettres. Les suivantes sont prêtes. Elles ne viseront pas à détruire, mais à reconstruire. Chacun des thèmes qu'elles abordent vise à servir le débat politique.
SlateAfrique - Comptez-vous sur le soutien la France et des Etats-Unis, deux pays avec lesquels, dit-on, vous entretenez de bonnes relations ? Il semble que François Hollande n'ait pas évoqué votre cas avec Paul Biya lors de leur entretien à l'occasion du sommet de la francophonie à Kinshasa.
M.H.Y - Je souhaite ardemment que ces deux grandes nations accroissent le soutien qu'elles apportent à mon pays. Le Cameroun a besoin de développer massivement ses infrastructures, d'accroître ses capacités de production industrielle et agricole, et tout ceci en préservant son environnement.

Tout cet effort ne peut être supporté par la seule coopération sino-camerounaise ! Les États-Unis, la France, l'Allemagne, le Japon et bien d'autres pays peuvent développer avec le Cameroun des partenariats profitables. Y compris sur les droits de l'homme, thème largement évoqué lors du sommet de la Francophonie organisé à Kinshasa en octobre 2012.

Pour mon cas personnel, je ne demanderai jamais à une puissance étrangère d'intervenir dans une lutte qui ne peut et ne doit être menée que de l'intérieur.

Oui à une coopération ouverte bénéfique à notre pays, non à une pression de l'étranger dans des questions et des processus intérieurs.
SlateAfrique - Demandez-vous aux juges d'enquêter sur les récentes révélations sorties dans la presse camerounaise concernant un éventuel enrichissement frauduleux de Franck Biya grâce à des opérations

sur des obligations du Trésor camerounais ?
M.H.Y - Je suis consterné par cette histoire. Je dois dire que rien, dans le souvenir que je garde de certains protagonistes de cette affaire, ne me permet de penser qu'ils aient pu commettre cela.

Ce que ces révélations m'évoquent, c'est la pensée de Cicéron : «Une nation peut survivre à ses fous, et même à ses ambitieux. Mais elle ne peut survivre à la trahison venant de l'intérieur».

L'enjeu de cette affaire justifie en lui-même une enquête. La vérité sur l'existence ou non d'une trahison de l'intérieur sera très simple à établir, les Camerounais méritent de la connaitre.

SlateAfrique - Quelles sont vos conditions de vie en prison ?
M.H.Y - Reposez-moi la question dans 24 ans. Peut-être, alors, me préoccuperai-je de mes conditions de détention au regard des droits de l'homme. Mais d'ici là, je me battrai non pas sur les conditions, mais sur le principe même de ma détention.

Se préoccuper de mes conditions de détention, sans se poser la question du fondement même de mon incarcération, ceci au nom de la force de la chose jugée, de la soi-disant « complexité de l'affaire », ou encore du « pas de fumée sans feu », c'est une façon de se donner bonne conscience, et de se laver les mains de cette affaire qui engage, au-delà de moi, l'avenir de mon pays. Le premier des droits de l'homme, c'est le droit à une justice équitable, c'est la liberté pour l'innocent, et non pas le droit à une cellule confortable!

SlateAfrique - Un vœu pour 2013 ?
M.H.Y - Je saisis cette occasion pour souhaiter une bonne année 2013 à mes compatriotes, à ceux qui me soutiennent, comme à ceux qui me combattent. Ce qui nous unit est plus fort que ce qui nous sépare.

À la jeunesse en particulier, je veux dire qu'être camerounais, c'est un atout et un défi. Partout où nous allons dans le monde, on nous considère avec respect, ou curiosité, ou colère, mais jamais avec indifférence ou mépris. Pourquoi ?

Parce que les Camerounais d'hier, les Ahidjo, Foncha, Um Nyobé, Njoya, Soppo Priso, Tchuindjang, Fonlon, Meloné, Francis Bebey, Madame Tankeu, et les Camerounais d'aujourd'hui, les Biya - de la première heure -, Tumi, Madame Njeuma, Madame Ekwe Ebongo, Kadji, Mukete, Manu Dibango, Milla, Noah, Richard Bona, Eto'o, Siaka, pour ne citer que ceux-là, par leur travail, leur opiniâtreté, leur courage, leur droiture ont contribué à faire du Cameroun un pays de grandes espérances, dont on attend beaucoup.

Nous avons les atouts pour relever le défi de cette attente, alors gardons confiance !

Propos recueillis par ***Assane Diop***

TRIBUNE SUR L'APRÈS-BIYA ET L'APRÈS-PÉTROLE

Publiée le 31 janvier 2013 dans le journal ***Le Monde***.

Marafa anticipe deux basculements majeurs : la fin biologique du régime Biya et l'effritement progressif des recettes pétrolières. Il pose la question du vide stratégique : que se passera-t-il si l'on continue à gouverner sans projet, ni anticipation ? Il appelle à une refondation guidée par une planification démocratique, des institutions solides et une économie diversifiée. Cette tribune propose **un horizon, à contre-courant du fatalisme ambiant.**

Quelques mots suffisent pour décrire la situation générale de mon pays, le Cameroun : il vit dans la stabilité, mais cette stabilité est stérile – et à terme insoutenable.

Au cours des trente années de présidence de Paul Biya, la paix civile n'a connu que trois menaces sérieuses, en 1984, 1991 et 2008, de surcroît contenues rapidement. C'est une réussite certaine, en soi et par contraste avec l'histoire récente, voire immédiate, de nombreux pays du continent.

Mais qu'a produit cet avantage crucial, joint à des atouts humains indéniables et des ressources naturelles diversifiées ? Le développement d'un fonctionnement social et politique intégrateur, animé par un esprit de sollicitude et de concorde ? La relation entre le pouvoir et la population est au mieux faite d'indifférence, au pire de crainte et de méfiance. La croissance économique et la réduction de la pauvreté ? Celle-ci a au contraire augmenté : selon les chiffres du FMI, entre 1982 et aujourd'hui le PIB par habitant est tombé au Cameroun de 800 à 650 en dollars 2000, alors que sur la même période il a plus que triplé dans les pays en transition du continent, passant de 400 à 1300 dollars.

Il faut donner son vrai nom à la paix civile qui règne au Cameroun : elle est une sorte d'équilibre de la peur entre le gouvernement et le peuple.

Les racines en sont dans l'histoire du pays. La tentative de coup d'État de 1984 et les émeutes de Douala de 1991 et de 2008 ont été vécues par le Président Biya et son entourage comme une série de profonds traumatismes qui les ont enfermés dans une obsession unique : ne pas s'exposer, préserver le statu quo en ne prenant aucune initiative. Au sein de la population, ces périodes de troubles ont réveillé le souvenir des horreurs de la répression des maquisards de l'UPC, qui a commencé en 1955 pour ne s'achever qu'en 1970.

Ce face-à-face tendu a laissé s'installer un système non coopératif entre l'Etat et le peuple, qui au quotidien vaquent chacun à ses affaires, sans se rendre de comptes.

L'État observe, impuissant peut-être indifférent, la dégradation du système de santé et du système éducatif, la déforestation spéculative et l'exode rural de populations s'agglutinant dans des villes qui n'ont aucun emploi à offrir, sont sans eau potable, sans électricité, sans moyens de transport, et où se développent l'économie informelle et l'insécurité.

Le peuple, lui, observe désabusé un État tantôt incapable d'organiser des élections législatives – et donc contraint de prolonger indéfiniment le mandat des députés actuels - ou de mettre en place le Conseil Constitutionnel et le Sénat qu'une loi votée en 1995 rend responsables d'assurer la transition en cas de vacance du pouvoir ; tantôt capable, comme en 2008, de réviser en un temps record la Constitution pour abolir le nombre maximum de deux mandats présidentiels. De même, il voit une justice apparemment démunie contre la corruption subie au quotidien par les citoyens, mais d'une efficacité sans pair lorsqu'il s'agit de neutraliser des rivaux réels ou possibles au terme de procédures instrumentalisées.

La même logique viciée de confrontation crispée entre l'Etat et la société civile s'est mise en place dans l'économie nationale, où on observe à partir des années 1980 une déformation sous l'effet de l'accroissement de la manne pétrolière. Celle-ci a contribué jusqu'à hauteur de moitié aux recettes budgétaires du pays, rendant ainsi l'État peu tributaire des autres secteurs de l'économie et lui donnant le moyen de se retrancher dans sa sphère.

C'est ce qui explique que peu d'attention et peu d'efforts aient été consacrés à l'assainissement de l'attractivité générale du pays pour les investisseurs privés nationaux et étrangers, dont la perception est nettement négative. En termes de corruption, le Cameroun est classé 134e sur 183 pays dans l'indice de Transparency International, et en termes de facilité à faire des affaires, il est 161e au palmarès Doing Business de la Banque Mondiale.

La question n'est pas que cette situation de repli autarcique est déplorable ; elle n'est simplement plus soutenable. Les réformes ne peuvent plus attendre.

Sur le plan politique et social, que lui et son entourage le veuillent ou non, il y aura bientôt un après-Biya. Il faut espérer que les frustrations et les ressentiments ne profitent pas de ce vide pour s'exprimer de manière explosive, mais on peut légitimement le craindre.

Sur le plan économique, les réserves pétrolières s'épuisent : de 3 barils par habitant en 2000, la production est tombée à 1 en 2011 ; même si un effet prix maintient la contribution aux recettes de l'État à un niveau encore élevé. Surtout, la pression démographique est forte - d'ici à 2025, en l'espace de deux septennats à peine, la population aura presque doublé, passant de 20 à 35 millions.

C'est pourquoi le Cameroun doit de manière urgente diversifier son économie et trouver des relais de croissance dans des secteurs créateurs à la fois de richesse et d'emplois. Ces sources sont clairement identifiées : gains de productivité dans l'agriculture (cacao, café, coton, banane), développement des services (banques et transports), qui sont déjà le premier contributeur à la croissance, rattrapage du retard dans les industries manufacturières et investissement massif dans les infrastructures.

Les réformes qui placeront le pays sur la voie du rétablissement de liens participatifs entre l'État et le peuple et du développement d'une économie inclusive, quelles sont-elles ?

Toutes celles nécessaires à la réalisation d'un objectif central, que je mettrai toute mon énergie à servir : l'avènement d'une société de confiance. Les Camerounais attendent du pouvoir qu'il installe sans attendre des mécanismes efficaces de garantie de la sécurité juridique des biens et des personnes ainsi que les institutions qui permettront une transition démocratique et pacifique à la tête de l'État, et de manière générale l'établissement d'un état de droit.

Je n'ai aucune fausse modestie, voire pas de modestie du tout, pour ce qui touche à mon pays. Il fait vivre ensemble, et dans une concorde dont j'espère qu'elle ne cessera jamais, plus d'une centaine de groupes ethniques parlant 250 langues et vivant dans une variété de milieux sans équivalent ailleurs en Afrique. Il est entré avant le reste du continent dans l'ère post-coloniale. Successivement sous protectorat allemand, puis sous administration et mandats français et britannique, il a bien été dominé par les puissances coloniales, mais sans jamais avoir été une colonie et jamais au point que l'esprit d'indépendance qui caractérise son peuple, et que celui-ci place avant toute autre valeur, ait pu être éteint.

Les deux spectres qui hantent le Cameroun sont ceux de l'après-Biya et de l'après-pétrole. Je le dis sans hésiter : mon pays a la capacité d'en triompher.

LETTRE OUVERTE AU PRÉSIDENT DE LA RÉPUBLIQUE SUR LES MOYENS DE RENDRE LÉGITIMITÉ ET EFFICACITÉ À NOS INSTITUTIONS

Publiée le 3 mai 2013 dans la presse nationale.

Dans cette lettre, Marafa dresse un diagnostic sévère mais argumenté du fonctionnement institutionnel du Cameroun. Il dénonce un système en vase clos, sans contrôle citoyen, et **une démocratie réduite à des simulacres**. Il plaide pour une refonte du Parlement, une véritable indépendance de la justice, une ÉLECAM crédible, et **une représentation effective des collectivités territoriales**. Ce texte est **un appel à reconstruire la République autour de la légitimité populaire et de l'État de droit**

Depuis le 14 avril 2013, le Cameroun a son Sénat.

L'attente a été longue : 17 ans pour que la révision constitutionnelle du 18 janvier 1996 soit enfin suivie d'effets.

Cette attente, a-t-elle, de plus, été en partie déçue ?

Qui voudrait contester la composition de la nouvelle institution n'aurait pas à chercher bien loin ses motifs : le corps électoral a été formé de conseillers municipaux au mandat expiré depuis juin 2012, et qui n'ont donc dû qu'à votre bon vouloir la prérogative de désigner 7 sénateurs sur 10 ; de surcroît, c'est le Président de la République lui-même qui a désigné les 3 sénateurs sur 10 restants.

Mais je ne rentre pas dans ces questions, car elles appartiennent déjà au passé.

Pour l'heure, je prends acte de la naissance de notre Sénat et je me félicite de deux avancées concrètes qu'elle apporte: le poids propre pris par les Régions dans l'activité parlementaire, et surtout la mise en place d'un mécanisme institutionnel de transition en cas de vacance du pouvoir, élément essentiel de maintien de l'ordre et de la paix.

Et, me tournant vers l'avenir, je mesure le chemin qui reste à parcourir pour faire que nos institutions ne soient plus en grave décalage avec les réalités de notre pays et qu'elles recouvrent une vraie légitimité.

Le renouvellement de l'Assemblée Nationale est un pas évident dans cette direction. Comme les conseillers municipaux, les députés ont vu leur mandat expirer en août 2002 et légifèrent depuis dans un vide inacceptable, sans plus tenir du peuple aucun titre pour le faire.

La tenue d'élections législatives doit donc intervenir dès que possible.

Cependant, dans le contexte nouveau, marqué par l'avènement du Sénat, elle doit être précédée d'une réforme cruciale : faire que tous les députés représentent un nombre de citoyens à peu près égal, conformément aux normes universelles applicables - dont la justification se passe d'explication.

En effet, les chiffres officiels[1] montrent que, sous l'effet conjoint de l'accroissement démographique et de l'exode rural, la répartition actuelle des sièges par région, fixée par le décret no. 92/013 du 15 janvier 1992, ne reflète plus équitablement la réalité démographique de notre pays.

Voici un état de ces disparités :

- Adamaoua : 10 sièges pour 1.015.622 habitants, soit un ratio de 1 député pour 101.562 habitants.
- Centre : 28 sièges pour 3.525.664 habitants, soit un ratio de 1 député pour 129.488 habitants.
- Est : 11 sièges pour 801.968 habitants, soit un ratio de 1

1 Publication du Ministère de l'Économie, de la Planification et de l'Aménagement du Territoire intitulée «La population du Cameroun en 2010».

député pour 72.906 habitants.

- Extrême-Nord : 29 sièges pour 3.480.414 habitants, soit un ratio de 1 député pour 120.014 habitants.
- Littoral : 19 sièges pour 2.865.795 habitants, soit un ratio de 1 député pour 150.831 habitants.
- Nord : 12 sièges pour 2.050.229 habitants, soit un ratio de 1 député pour 170.852 habitants.
- Nord-Ouest : 20 sièges pour 1.804.695 habitants, soit un ratio de 1 député pour 90.235 habitants.
- Ouest : 25 sièges pour 1.785.285 habitants, soit un ratio de 1 député pour 71.411 habitants.
- Sud : 11 sièges pour 692.142 habitants, soit un ratio de 1 député pour 62.913 habitants.
- Sud-Ouest : 15 sièges pour 1.384.286 habitants, soit un ratio de 1 député pour 92.287 habitants. 35

En d'autres termes, à titre d'exemple, un député de la Région du Littoral représente 2,4 fois plus de citoyens qu'un député de la Région du Sud.

Au niveau des circonscriptions départementales, l'iniquité est encore plus évidente, en ce sens que certaines circonscriptions ont plus de sièges que d'autres, pourtant 5 voire 7 fois plus peuplées.

Les modalités pratiques de la modification de cette répartition est la responsabilité du gouvernement, mais les principes de bon sens qui doivent les inspirer sont les suivants :

- Réaffirmer par la loi que l'Assemblée nationale doit être élue sur des bases démographiques.
- Maintenir le nombre des députés à 180. Bien que l'article 15 de notre constitution le permette, accroître le nombre de députés serait malvenu. L'impératif de rigueur économique impose de réduire et non d'accroître les charges de fonctionnement de l'Etat, d'autant plus que la mise en place du Sénat induira déjà d'importantes dépenses. Une exception est envisageable : dans la logique du droit ré-

cemment ouvert aux Camerounais de l'étranger de participer aux élections présidentielles, un nombre limité de nouveaux sièges pourraient être créés pour les représenter.

- Poser la règle qu'un député ne peut représenter un nombre de concitoyens inférieur ou supérieur à 25% de la moyenne nationale. En cas d'écart constaté à l'occasion d'un recensement, la répartition des députés sera revue pour ramener l'écart dans l'intervalle de tolérance admis.
- Appliquer la même règle à l'échelle des circonscriptions au sein d'une même région : un écart de plus de 25% par rapport à la moyenne des circonscriptions donnera lieu à un redécoupage de celles-ci.

Mais accordez-moi la liberté, Monsieur le Président, de voir plus loin et plus large dans ma réflexion sur le nécessaire et urgente évolution de nos institutions.

La forme même de gouvernement de notre pays fait problème.

Largement modelée sur la constitution française de la Vème République, la constitution camerounaise met en place un régime « semi-présidentiel », comprenant un gouvernement responsable devant le Parlement (article 34) et dont l'action est dirigée par un Premier ministre (article 12).

Cet agencement constitutionnel a un effet non seulement sur le fonctionnement politique de notre pays, effet qui peut se mesurer au plus ou moins grand enracinement de la démocratie ; mais il a également un impact sur l'efficacité de l'action du gouvernement, c'est-à-dire sur sa capacité à mettre en oeuvre le programme sur lequel Président de la République a été élu.

Or, les avis sont unanimes – y compris le vôtre, si je me souviens bien- pour désigner l'immobilisme comme la marque du Cameroun. En témoigne en particulier le retard pris dans la réalisation des travaux d'infrastructure et dans le lancement des grands programmes de lutte contre la pauvreté, pourtant budgétisés et financés.

Les hommes ne sont pas seuls en cause. Mes longues années

au gouvernement, dans des fonctions parfois proches de vous, ne m'autorisent pas à mettre en doute vos intentions d'agir dans certains domaines, comme je ne peux nier les qualités indéniables de certains des premiers ministres sous l'autorité desquels j'ai servi.

C'est aussi la complexité et l'urgence des décisions que le chef de l'exécutif est amené à prendre dans notre pays, en particulier en matière économique, sociale, sécuritaire et environnementale, qui font problème ; et ce sont elles qui voudraient que le Président de la République ait les moyens de conduire lui-même la politique de la nation. On pourrait ajouter, en renversant la perspective, que le peuple mérite que le chef de l'État qu'il a personnellement élu soit placé en première ligne de l'action politique et soit contraint de gouverner sans pouvoir se contenter de régner.

Une mesure courageuse et décisive d'adaptation du régime pourrait être la suppression du poste de Premier Ministre, qui placerait directement sous l'autorité du Président de la République l'action des ministres, ce qui est déjà le cas pour une petite poignée d'entre eux.

Elle entraînerait également l'absence de responsabilité du gouvernement devant le Parlement et, par corrélation, l'impossibilité pour le Président de la République de dissoudre le Parlement. La séparation plus nette des pouvoirs serait un facteur d'efficacité supplémentaire.

Afin de structurer un Parlement à même de travailler en bonne intelligence avec le Président de la République, il conviendrait d'agir sur deux facteurs :

- Le mode de scrutin dans le cadre des élections législatives et sénatoriales ;
- La différenciation des pouvoirs entre l'Assemblée Nationale et le Sénat.

S'agissant du mode de scrutin, il peut être envisagé de prévoir des formes différentes entre les deux chambres.

Pour l'Assemblée nationale, on peut envisager un scrutin mixte (par exemple 50/50) mêlant scrutin proportionnel de liste au niveau national (avec un seuil élevé, par exemple 7%), et un scrutin majoritaire à deux tours, pour maintenir le lien direct avec la population.

Pour le Sénat, on peut envisager un scrutin permettant une représentation accentuée des groupes sociologiques.

Sur le plan des pouvoirs, l'Assemblée Nationale serait beaucoup plus axée sur la discussion et le vote des lois (elle aurait le dernier mot par rapport au Sénat) et le Sénat sur le contrôle de l'exécutif.

Il faut souligner que des régimes de ce type fonctionnent très bien depuis deux décennies dans les nouvelles démocraties sud-américaines comme le Brésil, le Chili et l'Argentine, sans aucune dérive dictatoriale et avec un grand dynamisme de l'action gouvernementale.

Ce ne sont bien sûr que des esquisses de pistes, et à ce stade l'enjeu n'est pas de discuter en profondeur des modalités pratiques.

Le véritable enjeu, c'est de prendre conscience que nous sommes dans une période exceptionnelle de l'histoire de notre pays : au cours des 15 prochaines années, la transition démographique portera la population à 35 millions. Pour faire face aux défis que ce bouleversement va entraîner, le Cameroun doit se doter d'institutions adaptées à notre culture qui favorisent en même temps l'efficacité gouvernementale et l'avènement d'une société de confiance, cadre indispensable à la prospérité et à la stabilité.

LETTRE OUVERTE AUX CAMEROUNAIS SUR LES ENJEUX DU DOUBLE SCRUTIN DU 30 SEPTEMBRE 2013

Publiée le 23 septembre 2013 dans la presse nationale.

À la veille des élections législatives et municipales, Marafa alerte sur **un scrutin biaisé**. Il dénonce un découpage électoral obsolète, un taux d'abstention massif, une campagne verrouillée, et l'impossibilité pour l'opposition d'accéder équitablement aux médias publics. Mais il n'appelle pas au boycott : il invite à une mobilisation lucide, pour que l'espace civique ne soit pas abandonné à la résignation. Ce texte affirme une conviction profonde : **même vicié, le vote peut encore être un levier de transformation**.

Mes chers compatriotes,

Comme absent à lui-même, le Cameroun s'apprête à élire ses députés et conseillers municipaux le 30 septembre prochain.

Il y a de nombreuses raisons objectives et évidentes de ne pas aborder ce scrutin avec conviction ou enthousiasme : les dysfonctionnements d'Elecam et les multiples reports sans motif réel de la date des élections ; le mode de désignation des candidats par certains partis, qui revient à instituer une quasi-vénalité des charges ; enfin, et surtout, le sentiment que l'issue est jouée d'avance et ne sera porteuse d'aucun changement pour le pays.

Il n'en reste pas moins que les cinq prochaines années seront décisives pour notre pays et je voudrais réfléchir avec vous, électeurs et candidats, aux enjeux du quinquennat à venir.

Certains voudraient que je me taise. Mais au nom de quoi ? Nul n'est maître de ma conscience, et celle-ci me dit : tu as servi loyalement ton pays, et tu as eu le privilège de recevoir beaucoup de lui. Malgré les vicissitudes de l'heure, tu gardes vis-à-vis de la nation un devoir et une responsabilité.

Mon devoir, c'est de m'exprimer au-delà des polémiques. Depuis que j'ai engagé un dialogue avec la nation, ma réflexion échappe aux querelles partisanes. Mon regard se porte plus haut, plus loin, là où se situe l'intérêt du Cameroun. Car, depuis le 16 avril 2012, j'ai déposé mon C.V. entre les mains du destin.

Ma responsabilité, c'est de mettre le pays en face des réalités qui l'attendent au cours des cinq prochaines années et qui vont former le cadre de son avenir.

Ces réalités, quelles sont-elles ?

J'en vois surtout trois :

- Entre 2013 et 2018, le Cameroun verra sa population s'accroître de 2,7 millions d'habitants, hors flux migratoires.
- Dans le même temps, l'instabilité va s'accentuer à ses frontières, avec un risque important de déstabilisation intérieure.
- Enfin, la préparation de l'après-Paul Biya va occuper le coeur de la vie politique.

Or, l'état actuel de notre démocratie, les orientations de la politique gouvernementale, le mode de fonctionnement de l'exécutif, et la faiblesse du pacte social font de ces trois réalités de réelles menaces pour notre pays.

Cependant, les menaces peuvent devenir de réelles opportunités pour notre pays, à condition de travailler sans attendre aux changements nécessaires et de bien réaliser que notre avenir se joue aujourd'hui.

Quels sont-ils, ces changements nécessaires ? Laissez-moi les esquisser.

Le Cameroun doit changer son modèle économique :

- D'ici 2018, le Cameroun aura 2,7 millions de personnes,

soit la population du Gabon et de la Guinée Équatoriale réunie, de plus à loger, nourrir, transporter, soigner, éduquer, protéger.

- 2,7 millions de personnes qui voudront téléphoner, naviguer sur internet, s'équiper en électroménager, acheter des cosmétiques, aller au restaurant ou au supermarché.

Comment faire face à ces besoins quand, malgré la croissance économique constatée ces dernières années, la pauvreté et le chômage augmentent implacablement ?

Depuis les années 80, le modèle économique de notre pays est orienté vers l'accroissement de la rente pétrolière. Mais, aujourd'hui, la situation n'est plus tenable, les réserves s'épuisent.

C'est pourquoi le Cameroun doit en priorité diversifier son économie, et trouver des chemins de croissance dans des secteurs créateurs à la fois de richesses et d'emplois. Ces sources sont clairement identifiées : gains de productivité dans l'agriculture (cacao, café, coton, banane), développement des services (banques et transports), qui sont déjà le premier contributeur à la croissance, rattrapage du retard dans les industries manufacturières et investissement massif dans les infrastructures.

La mutation envisagée est considérable, car elle implique que le secteur privé, c'est-à-dire les entrepreneurs camerounais, et non plus l'État, devienne désormais le principal créateur de la richesse nationale.

Le pouvoir exécutif doit faire le pari de la confiance aux Camerounais, et accepter que l'État perde sa place dominante et les prérogatives lui venant de la priorité donnée jusqu'ici aux industries extractives dans le processus de formation de la richesse nationale.

En termes concrets, développer le secteur privé, cela veut dire : des règles du jeu claires, moins de fraudes, plus de sécurité juridique, et l'accès des nationaux à tous les secteurs d'activité.

En suivant cette voie, le Cameroun fera que le risque se transformera en manne pour les entreprises qui sauront se positionner pour répondre aux nouveaux besoins. Il fera aussi que cette manne ne profitera pas qu'aux sociétés étrangères : occidentales, asiatiques ou africaines.

Les grands groupes marocains, nigérians, et même ghanéens s'installent chez nous. Il faut faire émerger de grands groupes camerounais pour les concurrencer sur notre sol aujourd'hui, et sur le leur demain.

Est-ce possible ?

Bien sûr. Dans ce domaine, il n'y a pas de fatalité.

Pendant la période 1980-83, le niveau de corruption au Cameroun était, selon une étude publiée en 1995 par Paolo Mauro, économiste central du F.M.I., plus faible que celui de certains pays européens tels que l'Italie ou le Portugal. Nous avions le même niveau de perception de la corruption que l'Espagne. En Afrique, nous occupions le peloton de tête !

De même, il n'y a pas aujourd'hui un seul Camerounais parmi les cent hommes les plus riches d'Afrique sub-saharienne, signe de la faiblesse de nos groupes industriels. Mais il y a trente ans, il y en avait deux !

Le Cameroun doit être gouverné et la nation doit retrouver son unité.

Le redressement économique du Cameroun ne peut pas s'effectuer dans un contexte d'immobilisme.

Or, dans ma dernière lettre ouverte au Président de la République, j'ai expliqué que c'est là le grand mal de notre pays.

En termes techniques, l'immobilisme résulte principalement de deux choses : l'agencement semi-présidentiel de nos institutions, qui conduit à la dilution de la responsabilité entre le chef de l'État et le Premier ministre ; et le rôle accessoire auquel est réduit le Parlement, qui tient lieu bien souvent de simple chambre d'enregistrement.

En termes plus simples, que cela signifie-t-il ? Que le Cameroun n'est tout bonnement pas gouverné.

Pour qu'il le soit, il faut comme je l'ai recommandé auparavant, supprimer le poste de Premier ministre pour que le chef de l'État ait une action directe et un contrôle entier sur le gouvernement et l'application des grandes orientations.

Il faut aussi donner plus de pouvoir au Parlement - c'est-à-dire aux députés que vous élirez la semaine prochaine - en le laissant peser réellement dans la définition des grandes orientations ainsi que dans le contrôle de l'exécutif.

Le rétablissement de la confiance, qui comme vous le savez est mon maître mot, passe par ces réformes. Sans elles, pas de fin à l'immobilisme.

Or, demander ces réformes au président Biya, c'est demander des mangues à un bananier !

Elles se feront donc après lui. Ce sera à nous, à vous, à moi, de les mettre en œuvre.

Mais pouvons-nous pour autant nous dispenser d'agir dès aujourd'hui pour préparer sereinement l'après-Biya ?

Certes, le Cameroun s'est doté de procédures organisant la succession de l'actuel Président. Mais tout laisse craindre toutefois que la passation sera un moment extrêmement périlleux.

La mise en place récente du Sénat règle le mécanisme institutionnel de succession du chef de l'État en cas de vacance du pouvoir. Du moins, faut-il l'espérer ! 120 jours pour organiser des élections qui tourneraient la page à une présidence de plus de 30 ans, c'est un peu court.

Mais, en écartant l'hypothèse de la vacance subite de l'exécutif, le scénario n'est guère plus réaliste. En effet, les manipulations du calendrier électoral font qu'en 2018 devraient se tenir à la fois, l'élection présidentielle, les élections sénatoriales, les élections législatives et les élections municipales !

Quand cessera-t-on de considérer que les délais inscrits dans la loi sont indicatifs ? Il n'y avait pas de «crise grave» pour justifier le report des élections législatives.

Pendant que certains pays organisent des élections pour sortir d'une crise, notre pays manipule le calendrier électoral au risque de nous entraîner dans une crise ou dans une vacance institutionnelle préjudiciable au bon fonctionnement de l'État.

Les conditions dans lesquelles le successeur de Paul Biya accédera à la magistrature suprême détermineront largement sa capacité à gouverner le Cameroun.

Le temps est révolu où l'on pouvait penser avec Marx que la violence soit la « sage-femme de l'histoire ». Que le Cameroun pourrait arracher sa liberté, sa prospérité et se construire politiquement en un soir, en une nuit, voire en un «printemps» de tous les dangers.

Donc, si nous ne pouvons pas immédiatement mettre fin à l'immobilisme dans lequel le pays est englué, nous devons sans attendre tout faire pour neutraliser le potentiel de violence et d'instabilité que portent l'échéance de 2018 et l'éventualité de la vacance subite.

Que pouvons-nous faire dans ce sens ? Mon appel va vous sembler abstrait, mais il est en réalité d'une portée très concrète : la nation doit recouvrer son unité.

Le pouvoir a favorisé les divisions de toutes sortes.

Sur le plan de la justice sociale, malgré l'apparition incontestable d'une classe moyenne, la distribution de la richesse reste trop inégale et rien n'a été fait pour adapter le modèle économique afin de soutenir les plus vulnérables : les femmes, les jeunes, le monde rural, qui sont les plus exposés aux fléaux de la pauvreté, du chômage, de l'illettrisme, mais aussi aux conséquences des bouleversements climatiques telles que les inondations et la sécheresse.

Sur celui de la justice tout court, tous les jours les lois sont bafouées, nos droits fondamentaux violés, la confiance rendue impossible et la méfiance réciproque entre l'Etat et les citoyens endurcis. C'est ce qui fait que le Cameroun est un pays pauvre et qui le restera encore longtemps si nous ne mettons pas en place une société inclusive dans laquelle le pouvoir est partagé et contrôlé. C'est ce que j'ai appelé une société de confiance.

Sans elle, le Cameroun continuera de rétrograder. Comment accepter que le Cameroun, au début de ce XXIe siècle, soit classé par les U.S.A., la plus ancienne démocratie ininterrompue du monde, parmi les pays détenant des prisonniers politiques ! Ces pratiques d'un autre siècle rajeuniront certains, mais à la jeunesse camerounaise, à ceux qui vivent dans le temps présent, c'est le signe d'un régime usé, qui jette ses dernières cartes, d'un pays qui rétrograde.

Ce n'est pas tout : des crispations tribalistes pénètrent toute la société et chaque acte de l'exécutif semble être pour les favoriser. Du Nord au Sud, de l'Est à l'Ouest en passant par le littoral, les populations ont le sentiment d'être méprisées, ignorées. Notre pays est de plus en plus une juxtaposition de régions ou d'ethnies, régression qui nous ramène des dizaines d'années en arrière. C'est un des plus grands échecs à mettre au passif de Paul Biya.

Ce vecteur de division entre les Camerounais est le plus sûr moyen à la fois de décevoir les espoirs de ceux qui espèrent l'après-Biya, et de conforter les craintes de ceux qui redoutent son départ du pouvoir.

Nous nous devons au quotidien, malgré l'action contraire de l'Etat, de dépasser ces clivages, d'oublier ces fausses distinctions, de faire taire la méfiance pour bien nous pénétrer de cette vérité : nous n'avons d'avenir que commun.

Cet appel à l'unité que je lance ici répond aussi à une situation historique qui va s'aggraver au cours des cinq prochaines années : il s'agit de l'instabilité à nos frontières.

Désormais, des réseaux terroristes et mafieux infiltrent notre pays, des troupes armées y font même des incursions. Peut-on écarter le risque qu'à la faveur d'on ne sait quelle combinaison, notre pays finisse par être déstabilisé ? Ferons-nous encore longtemps semblant de ne pas voir que c'est une menace à l'intégrité territoriale de notre pays ? Saurons-nous nous unir pour y faire face ?

Mais, le choix de l'unité ne doit pas être seulement un choix négatif. L'unité est la condition du rayonnement du Cameroun.

Je reviens pour finir aux élections du 30 septembre prochain.

J'espère avant tout que l'éclairage que je vous ai apporté vous aidera à faire votre choix. Ne vous laissez pas tromper par les apparences. Les plus ardents réformateurs, ceux qui seront les plus à même de transformer notre pays, ne sont pas tous dans l'opposition. Pas plus que ne s'y trouvent ceux qui tentent de promouvoir le sectarisme, la haine et la violence au rang de méthode légitime de l'action politique. À l'inverse, les plus conservateurs, les prébendiers du système, ne sont pas tous au RDPC.

Surtout, prenez conscience des enjeux du quinquennat, des risques et des moyens d'en faire des opportunités ; voyez votre destin dans celui de la collectivité.

À vous, candidats dont l'engagement au service du pays est sincère, je voudrais adresser un message d'encouragement. Certes, tant que nous serons dans une société de méfiance, une société exclusive, vos pouvoirs seront limités ; mais la nation compte sur vous pour relever les défis auxquels le pays sera confronté durant votre prochaine mandature. Les Camerounais sont prêts à tout endurer : souffrance, privation et pauvreté, dans l'espoir d'un avenir plus souriant pour leurs enfants.

Aux nouveaux partis qui se lancent dans la campagne, dont je connais parfois la qualité des dirigeants pour avoir servi avec eux au gouvernement, ou pour les avoir côtoyés dans mes fonctions antérieures, je souhaite bonne route. Qu'ils sachent que je suis attentivement leurs activités, et que j'espère qu'ils contribueront à animer le débat politique dont notre pays a cruellement besoin.

En guise de conclusion, je voudrais encore vous parler de notre pays, le Cameroun :

Quand il est uni, mobilisé, rassemblé, c'est un pays courageux, capable de relever tous les défis et de faire face à toutes les menaces.

Quand il est désabusé, sans objectif clair, c'est un pays qui glisse vers la facilité, le désordre, l'égoïsme, qui se montre incapable de tirer avantage de tous ses atouts.

Dans les cinq ans qui viennent, il faudra qu'il tourne décidément le dos à la médiocrité et qu'il prenne le chemin de la grandeur, qui est, j'en suis profondément convaincu, sa destinée.

Pour cela, le seul moyen est que le Cameroun devienne une société de confiance en nous-mêmes, confiance en l'autre.

C'est cette mission que je continuerai à mener comme un combat.

DÉCLARATION FAITE DEVANT LA SECTION SPÉCIALISÉE DE LA COUR SUPRÊME LE 26 NOVEMBRE 2013 À L'OCCASION DE MA DEMANDE DE LEVÉE DE MANDAT DE DÉTENTION

Publiée le 27 Novembre 2013 dans la presse nationale.

Face à une détention devenue permanente, Marafa sollicite sa remise en liberté dans le cadre d'une procédure exceptionnelle. Il dénonce **la violation continue de ses droits**, l'absence de confrontation avec les témoins à charge, et l'acharnement judiciaire contre sa personne. Il rappelle qu'il n'a jamais été entendu par la Cour suprême et réaffirme son respect des institutions — mais pas de leur instrumentalisation. Cette déclaration prépare, en creux, la rupture plus frontale de mai 2016

Monsieur le Président,

Après les brillantes interventions de mes conseils, la décence devrait me commander de me taire. Permettez-moi cependant de prononcer quelques mots à l'appui de ma requête. Ces mots, vous me permettrez de les emprunter en partie à une autorité qui n'est autre que le Premier président de la Cour suprême.

Le 26 février 2009, je n'ai pas eu le privilège d'être présent pour l'entendre délivrer l'allocution de rentrée solennelle de la Cour suprême. J'étais en tournée dans le pays pour installer les délégués du gouvernement auprès des communautés urbaines.

Cependant, cette allocution avait frappé les esprits, et j'en avais lu le texte attentivement.

Le propos du Premier président de la Cour suprême m'avait profondément marqué à l'époque, par sa clarté, sa justesse mais aussi l'évidence qu'il était inspiré par une foi profonde.

Foi dans l'utilité de la réforme du code de procédure pénale qu'il décrivait et dans les principes que la réforme illustrait.

Depuis ma condamnation, de nombreux passages de son allocution me sont revenus et restés à l'esprit.

L'un de ces passages concernait la légalité des peines. Citant le juriste italien Beccaria, le Premier président avait insisté sur la nécessité, pour qu'une peine soit légale, que le délit soit constitué selon les principes de la responsabilité pénale et que la sévérité du châtiment soit déterminée selon les dispositions du code pénal. Ma condamnation a été prononcée sans preuve, ou plutôt malgré des preuves indubitables établissant que je n'avais profité, d'aucune manière, de l'achat de l'avion présidentiel et que je m'étais même opposé à la sortie des fonds. Le délit de «complicité intellectuelle» auquel correspond cette condamnation a été inventé pour l'occasion. Quant à la sévérité du châtiment, ma peine est de 25 ans d'emprisonnement, ce qui, à mon âge, équivaut à un emprisonnement à vie. Je ne veux pas approfondir la question du caractère inexpugnable de mon innocence, mes conseils l'ont fait en détail, et toutes les parties la reconnaissent.

Un autre passage concernait spécifiquement l'usage de la détention provisoire. Ma condamnation faisant l'objet d'un pourvoi en cassation, pour lequel l'instruction n'a pas été ouverte, elle a ce caractère provisoire. Qu'a dit le Premier président de la Cour suprême lors de son allocution ? Je le cite : «Sous l'empire du code d'instruction criminelle (qu'a remplacé le code de procédure pénale entré en vigueur en 2007), cette détention relevait davantage de la politique répressive et de l'opportunité. (...) (Dans le nouveau code), elle a pour but de préserver l'ordre public, la sécurité des personnes et des biens ou d'assurer la conservation des preuves». Là encore, mes conseils ont établi qu'aucun de ces cas de figure ne s'applique de quelque manière que ce soit à ma situation. Qui oserait sérieusement me désigner comme représentant une menace pour l'ordre public ? Pour la sécurité de biens ? Pour celle des personnes ? Non, ma détention provisoire a bien le caractère répressif et d'opportunité déploré par le Premier président de la Cour suprême.

Mais c'est un dernier passage sur lequel je veux insister. Votre Premier président, parlant des devoirs des magistrats, a dit dans son allocution : « La loi, quelle qu'elle soit, a un caractère impersonnel et transcende les contingences liées à la catégorie des individus». Il ajoutait, citant d'Alembert : «Les magistrats, dans quelques circonstances et pour quelque grand intérêt de corps que ce puisse être, ne doivent jamais être que magistrats, sans parti pris et sans passion comme les lois qui absolvent et punissent sans aimer ni haïr ».

J'ai confiance que, face à un condamné innocent aux yeux de ses accusateurs eux-mêmes, maintenu dans une détention provisoire que ne justifie aucun des cas prévus par la loi, vous agirez sans parti pris et sans passion, en considérant que ma requête doit objectivement être acceptée.

Comment puis-je avoir cette confiance, sachant quelles pressions pèsent sur vos épaules, notamment celle du pouvoir politique ?

Parce que je sais que, fidèles aux principes défendus par votre Premier président, fidèles donc à votre conscience de magistrats, vous ne vous laisserez pas «corrompre par la peur» selon l'expression d'Aung San Suu Kyi.

Monsieur le Président, Madame et Messieurs les juges, je m'en remets à votre décision.

TRIBUNE SUR LE PROJET L'AFRIQUE CENTRALE DES DEUX OCÉANS (AC2O)

Publiée dans le numéro du 2-8 février 2014 de l'hebdomadaire panafricain ***Jeune Afrique***.

Marafa propose ici **une vision novatrice de l'intégration continentale** : relier l'océan Atlantique à l'océan Indien en consolidant **un axe Ouest–Est allant du Cameroun au Kenya, via la République centrafricaine et le Soudan du Sud.** Il imagine un corridor économique appuyé sur des infrastructures de transport, d'énergie et de communication, capable de structurer une véritable communauté régionale. Ce n'est pas une chimère : cette Afrique centrale des deux océans s'inscrit dans les dynamiques géopolitiques actuelles, à l'image de la Nouvelle route de la soie chinoise. Depuis sa cellule, Marafa trace **une ambition stratégique à l'échelle du continent**.

Personne ne devrait s'illusionner sur les limites de l'opération Sangaris en République centrafricaine. Elle atténuera peut-être les effets humanitaires de cette crise, mais sans s'attaquer à ses racines. Le développement économique et l'intégration régionale sont les clés de la stabilisation durable de ce pays et, plus généralement, de la région centrale de l'Afrique qui, du Cameroun au Kenya, subit les « externalités négatives » du terrorisme islamiste venu du Nord.
Bien que le taux de croissance annuel moyen de 5% dont bénéficie l'Afrique centrale depuis 2000 représente une performance appréciable, il reste un indicateur trompeur. Tirée par la démographie et le cours des matières premières, et dès lors peu inclusive, cette croissance échoue à créer des emplois, en particulier pour les 200 millions d'Africains âgés de 15 à 24

ans, qui sont les premiers exposés à la tentation extrémiste.

L'avenir de l'Afrique Centrale réside, selon moi, dans la consolidation d'un bloc Ouest-Est reliant le Cameroun au Kenya en passant par la République centrafricaine et le Soudan du Sud. Cette Afrique centrale des deux océans (AC2O) s'appuierait sur des infrastructures de transport interconnectées, une convergence économique et une coopération étroite en matière de sécurité. Quel horizon de développement cette vision ouvre-t-elle ? Tout d'abord l'AC2O offrirait aux quatre pays qui la composeraient un atout considérable dont l'Afrique du Sud est aujourd'hui seule à bénéficier sur le continent et qui explique en grande partie sa success story : une double façade sur l'océan Atlantique et l'océan Indien. Elle occuperait une position stratégique de corridor sur l'axe Amériques-Afrique-Asie.

Cette intégration dans les échanges internationaux permettrait aux Etats enclavés, la République centrafricaine et le Soudan du Sud, de mieux valoriser leurs matières premières. Le Cameroun et le Kenya tireraient quant à eux parti de leur position côtière pour favoriser l'exportation de produits manufacturés et la diversification dans les services.

Les efforts à accomplir, bien sûr considérables, s'appuieront sur des bases solides. La carence de la région en infrastructures est très importante mais l'AC2O compte déjà, avec Mombasa et Douala-Kribi, deux des quatre plus grands ports d'Afrique centrale. Autre amorce solide, le Kenya s'est lancé avec sa vision 2030 dans un programme ambitieux de développement routier et ferroviaire intégré.

Quant au rapprochement politique qui devra sous-tendre le projet dans son ensemble, il pourra s'appuyer sur les liens privilégiés entre le Cameroun et la République centrafricaine, d'une part, et le Kenya et le Soudan du Sud, d'autre part. Il trouvera aussi une dimension humaine dans l'expérience commune de peuples partageant latitude, paysages, climat, histoire et culture.

Comment ce projet contribuerait-il à la stabilisation de la région ? Sur le plan de la sécurité, l'AC2O est géographiquement dans la meilleure position pour constituer à la fois un axe d'endiguement de la menace terroriste et un modèle de cohabitation. En effet, elle forme une frontière entre les pays à majorité musulmane, au nord, et ceux à dominance chrétienne, au sud. Or c'est cette frontière qu'assaillent des groupes armés comme la Séléka, les Djandjawid, Boko Haram et les Shebab.

Aujourd'hui, le risque de contagion de la crise centrafricaine aux pays voisins est réel. Et ceux qui, pour mobiliser l'opinion et les décideurs occidentaux, résument ce conflit à un « génocide religieux » ne font qu'accentuer et légitimer les violences, offrant de surcroît aux belligérants le moyen de s'assurer dans les pays limitrophes ou plus lointains des soutiens occultes à leur cause.

Portes d'entrée sur le continent, le Kenya et le Cameroun ont une longue tradition de mixité culturelle, ethnique et religieuse. L'AC20 sera pour eux le moyen d'apporter une réponse africaine crédible aux défis sécuritaires et économiques de leur région.

LETTRE OUVERTE À PAUL BIYA SUR L'ASSASSINAT DE MADAME CHRISTIANE SOPPO

Publiée le 24 mars 2014 dans la presse nationale.

Cette lettre dénonce **un assassinat politique resté impuni** : celui de Christiane Soppo, secrétaire de Marafa pendant 20 ans. Âgée de 50 ans, mère d'une fille de 20 ans, elle a semble-t-il été **torturée, puis étranglée**. L'enquête est rapidement close : la version officielle parle d'un crime de rôdeur. Mais pour Marafa, ce meurtre porte les marques d'une exécution ciblée, visant à faire taire une collaboratrice loyale et informée. Il y voit l'inauguration d'une mécanique d'État souterraine. Dix ans plus tard, le journaliste **Martinez Zogo** subira une violence comparable, révélant la permanence d'assassinats clandestins — exécutés sur ordre par des **«hommes de sacs et de cordes»**. Ce texte marque une rupture : pour la première fois, le pouvoir est directement interpellé dans un crime de sang. Il s'inscrit dans une série noire où l'élimination précède la dissimulation.

Monsieur le Président de la République,

Madame Christiane Soppo, qui fut mon assistante pendant plus de vingt ans, a été retrouvée assassinée chez elle le 26 janvier 2014, portant la marque d'atroces tortures.

Je n'ai pas voulu m'exprimer immédiatement pour ne pas ajouter à l'émotion et laisser les enquêteurs faire leur travail ; mais, deux mois après, je suis obligé de constater que l'État reste d'un silence absolu.

Je ne m'adresse pas à vous pour vous dire l'effroi, la peine et la colère que je ressens et que partagent tant de Camerounais – dont vous-même, je veux le croire. Mes pensées pour Madame Soppo et pour sa famille resteront privées.

Ce qu'en revanche je dois publiquement à la mémoire de Madame Soppo, c'est de mettre l'État face à sa responsabilité d'élucider cet assassinat politique et d'y répliquer par tous les moyens appropriés.

Je dis bien assassinat politique, car Madame Soppo a été prise pour cible uniquement parce qu'elle m'était restée fidèle après mon emprisonnement.

Cette conviction, tous ceux dont elle a été l'interlocutrice fréquente et respectée la partagent : nombre de vos ministres, de membres de votre cabinet et de votre sécurité, de députés, de sénateurs, de responsables de partis politiques, mais aussi de diplomates étrangers et de dirigeants des grands groupes industriels internationaux.

Tous, qui l'ont vue remplir à mes côtés sa mission au service de la nation avec une intégrité parfaite, savent que sa seule « faute » ne pouvait être que sa proximité avec moi et les visites qu'elle continuait à me rendre régulièrement.

C'est justement parce qu'elle avait la conscience tranquille qu'elle avait choisi d'ignorer les menaces qui lui étaient relayées depuis des semaines et qui sont une autre preuve du caractère prémédité, planifié, de cet acte.

Je répète assassinat politique, car ne vous y trompez pas : après l'instrumentalisation des tribunaux, rendant des condamnations sans preuves, le martyr de Madame Soppo représente une étape supplémentaire, l'émergence d'une justice parallèle, extra-judiciaire, aux mains de groupes d'individus qui, en fonction de leurs intérêts, prononcent des sentences de mort secrètes exécutées par des hommes de sac et de corde. Nos compatriotes en sont à se demander si le seul moyen de bénéficier de la protection de l'Etat contre les emprisonnements et les exécutions arbitraires est d'avoir un passeport étranger.

Je répète encore assassinat politique, car la mort de cette

« simple » Camerounaise, qui non seulement n'avait rien à se reprocher mais incarnait les meilleures qualités de notre peuple, l'effort dans les études et le travail, l'attachement à l'éducation des enfants, la loyauté, représente un pas de plus vers l'« ensauvagement » de notre société dont parle Achille Mbembé. Les commanditaires et les exécutants plongent notre nation dans un avenir de méfiance et de peur, comme l'y plonge l'État en ne disant rien de ce meurtre et en ne faisant rien pour combattre le système qui l'a piloté.

Monsieur le Président de la République, il est de votre devoir, il est du devoir de l'État, de prendre immédiatement les mesures suivantes :

- Mettre toutes les ressources publiques utiles à rechercher et punir les responsables de cet acte barbare, les commanditaires comme les exécutants, ainsi qu'à exposer leurs motifs ;

- Assurer la protection de mes proches et plus particulièrement de mes avocats, et faire le nécessaire pour que l'action menée contre moi, toute injuste qu'elle est, continue à prendre place sur le terrain du droit et de la justice réguliers. De nouveaux innocents ne doivent pas tomber sous les coups de machette.

Ces gestes et ces signaux forts ne sont pas seulement dûs à la mémoire d'une Camerounaise à la fois typique et exemplaire, ils sont indispensables pour que la nation ne sombre pas dans une crainte généralisée de tous envers tous, et en premier lieu envers un Etat de plus en plus otage d'intérêts privés destructeurs.

TRIBUNE SUR LA STRATÉGIE DE LUTTE CONTRE L'EXTRÉMISME

Publiée le 15 mai 2014 dans le quotidien ***Le Monde***.

Dans ce texte, Marafa appelle à dépasser la seule réponse militaire face aux violences de Boko Haram. Il plaide pour une approche globale : **sécuritaire, certes, mais aussi éducative, économique, judiciaire et sociale**. Il insiste sur les causes profondes du terrorisme — pauvreté, exclusion, humiliation — trop souvent ignorées par les autorités. Il rend **hommage aux forces de l'ordre**, tout en dénonçant leur isolement et le manque de vision stratégique. Ce texte propose **une doctrine alternative de sécurité, lucide et prémonitoire**. Il sera largement ignoré.

Avec le kidnapping de 276 lycéennes à Chibok le 14 avril 2014, Boko Haram montre que, comme dit le proverbe, «l'élargissement du déshonneur n'a pas de limite».

Le groupe terroriste et son chef, Aboubakar Shekau, n'en sont pas à leur première action ignoble contre des innocents, et même contre des enfants. Le sang des 29 adolescents tués au Federal Government College Buni Yadi le 25 février 2014 est encore frais sur leurs mains. Il ne séchera d'ailleurs jamais, pas plus que celui des victimes du College of Agriculture de Gujba ou de l'école de Yobe State.

Pourtant, c'est bien une escalade à laquelle nous assistons. Escalade dans l'ampleur des exactions mais aussi dans la violence obscurantiste faite aux peuples africains.

En destinant ces malheureuses à l'esclavage, Boko Haram intensifie sa perversion de l'islam, et même ses attaques contre lui, alors qu'il a déjà fait deux tiers de victimes musulmanes et a été dénoncé par des autorités aussi éminentes que le

Grand Moufti d'Arabie Saoudite. En ciblant des lycéennes, il cherche à nous plonger dans l'arriération, à nous voler l'éducation, le savoir, l'égalité des femmes, le progrès, les bases de notre avenir.

En violant les frontières pour accueillir les terroristes fuyant le Mali et établir des bases arrière au Cameroun, en déclenchant l'intervention de puissances occidentales, en dressant nos communautés les unes contre les autres par le règne de la méfiance et de la terreur, en appelant «occidentalisation» le dynamisme de notre tempérament. Boko Haram fait tout pour inverser la marche de l'histoire africaine récente, qui s'est construite dans la lutte pour l'indépendance, l'harmonie des communautés, le développement.

La barbarie de Boko Haram n'est rien d'autre que la négation des valeurs et des aspirations de tous les Africains.

Le terme de «négation» est à prendre dans son sens le plus fort. Boko Haram n'est pas porteur d'une idéologie mais d'une anti-idéologie, de nihilisme à l'état pur. C'est ce qui explique son expansion et sa force d'attraction, en particulier auprès des jeunes. Le continent africain compte 200 millions de 15-24 ans. La croissance des dix dernières années, surtout liée à la natalité et à l'appréciation des matières premières, ne leur a pas offert d'emplois en nombre suffisant et n'a pas amélioré de manière significative leurs conditions de vie.

Même au Nigeria, deuxième économie d'Afrique, nombre de ces jeunes vivent dans un désoeuvrement non voulu, sans perspective d'avenir pour les mobiliser, sans occasions d'exprimer leurs talents et leur potentiel, sans moyens de se construire une place dans la société. Il n'y a que deux voies pour mettre fin à ce désespoir. Le long chemin des réformes et des efforts collectifs, qui mène à une prospérité inclusive et juste. La courte marche jusqu'au précipice, qui mène à la destruction des autres et de soi. C'est sur celle-ci que Boko Haram veut entraîner les jeunes Africains - comme Al Shabbaab, le groupe responsable de l'attentat du West Gate Mall à Nairobi, qui ose se donner un nom qui signifie «jeunesse» en arabe.

Il n'est donc pas vain de dire que nous sommes tous nigérians, que ces jeunes filles sont nos enfants, que Boko Haram est l'ennemi de tous les Africains.

Aussi, je lance un appel à tous mes compatriotes, à tous les chefs traditionnels, à toutes les populations de l'Afrique en miniature qu'est le Cameroun, et qui partage une frontière de 2000 km avec le Nigeria. Mobilisons-nous contre ces criminels et leur projet de terre brûlée, coopérons avec les pouvoirs publics, cessons de vivre dans la peur et la résignation. Ne nous rendons pas complices par inaction, car nous nous rendrions victimes. Ne nous laissons pas déposséder de notre passé et de notre avenir par des terroristes.

Moi le Camerounais, qui suis fier que la grande mosquée de Yaoundé se trouve sur l'avenue Jean-Paul II, je lance aussi un appel aux autorités religieuses et aux Lamidos, les chefs des communautés musulmanes d'Afrique de l'Ouest. Dénoncez cette instrumentalisation de la religion à des fins de mort et de violence sans but. Dites que Boko Haram est l'ennemi de l'islam comme des chrétiens. Prêchez que la religion véritable promeut l'harmonie.

Je lance enfin un appel aux chefs d'Etat africains. Faisons bloc. L'aide des Etats-Unis, de la France, de la Chine, l'implication personnelle du couple Obama, est un geste qui les grandit. Il nous est nécessaire dans cette crise. Mais prenons conscience que Boko Haram et ses semblables ne seront vaincus que par la double démarche que j'ai décrite dans une tribune à Jeune Afrique.

D'une part, nous devons cesser de chercher notre salut au Nord. Les pouvoirs locaux sont seules légitimes pour agir contre ces groupes et pour obtenir l'implication de nos communautés, sans laquelle rien n'est possible.

D'autre part, les interventions militaires ne sont pas l'outil approprié. Selon la formule de la Rand Corporation dans une étude de 2008, les djihadistes doivent être traités comme des criminels et non comme des guerriers de la foi. La criminalité se combat par des opérations de police et de renseignement, et surtout par la construction de projets concrets de développement capables de faire barrage à l'ignorance, à la misère et au désespoir. Mutualisons nos enjeux sécuritaires et économiques. Ne nous accusons pas réciproquement de faiblesse et d'inertie, mais inscrivons-nous dans un avenir commun.

Sauvons les lycéennes de Chibok, et sauvons toutes les victimes virtuelles de l'extrémisme par l'arme de l'espoir.

INTERVIEW ACCORDÉ À L'HEBDOMADAIRE PANAFRICAIN JEUNE AFRIQUE

Publiée dans le numéro 2803.

Deux ans après sa condamnation, Marafa revient dans cette interview sur les conditions de sa détention, les enseignements tirés de l'épreuve, et sa vision de l'avenir du Cameroun. Il évoque l'instrumentalisation de la justice, le caractère sélectif des poursuites dans l'affaire de l'avion présidentiel, et le sort de certains anciens collaborateurs protégés par le silence ou la proximité politique. Il insiste aussi sur la nécessité de refonder la gouvernance autour de l'éthique, de la compétence et de l'État de droit. Ce texte est moins une plainte qu'une analyse — un diagnostic lucide, formulé depuis l'intérieur du système.

Cet homme est le masque de fer le plus célèbre du Cameroun. A 62 ans, Marafa Hamidou Yaya, ancien secrétaire général de la présidence et ex-ministre d'Etat chargé de l'administration territoriale, survit depuis deux ans et demi dans une cellule du secrétariat d'Etat à la défense de Yaoundé. Ce qui fait de lui une personnalité beaucoup plus populaire aujourd'hui qu'il ne l'était lors de son arrestation n'est pas tant le fait qu'il clame son innocence – il n'est pas le seul, parmi les détenus de l'opération épervier -, mais qu'il ait préféré faire face à la justice alors qu'il aurait eu l'occasion de fuir, ainsi que la qualité de sa production intellectuelle distillée sous forme de lettres ouvertes aux camerounais sorties clandestinement de prison et lue avec avidité.

Nombreux sont ceux qui, au Cameroun et au sein de la diaspora, admirent la résilience de ce grand baron peul de Garoua, condamné à 25 ans de réclusion pour « complicité intellectuelle de détournement », même s'ils sont bien rares à avoir le courage de le dire publiquement. Qu'il soit ou non reconnu comme un embastillé de conscience victime d'une lettre de cachet importe finalement assez peu : alors que ces proches attendent sans illusion excessive le résultat de son pourvoit en cassation, Marafa continue de s'exprimer dès qu'il le peut sans rien renier de ses convictions, quitte à renforcer la détermination de ceux pour qui ses ambitions à peine voilées représente un danger absolu. L'entretien qui suit a été recueilli par correspondance, sans autre but, on l'aura deviné, que de contribuer au débat sur le présent et l'avenir d'un pays qui, plus que jamais, doute de lui-même.

François Soudan

J A : Vous avez été hospitalisé à deux reprises à Yaoundé. Comment allez-vous ?

M H Y : Intellectuellement et mentalement, je vais bien. Physiquement, j'ai des problèmes respiratoires et ophtalmologiques qui s'aggravent. Mon état n'est pas compatible avec une incarcération, et les autorités le savent parfaitement. Cela dit, j'avais hâte de quitter l'hôpital, parce que, bien malgré moi, je perturbais les patients et le personnel par ma seule présence. A chacun de mes séjours, l'hôpital est transformé en forteresse, une cinquantaine de soldats armés jusqu'aux dents patrouillent les couloirs et les toits.

J A : A quoi occupez-vous vos journées en prison ?

M H Y : Je réfléchis et je travaille. Je demande aux rares personnes autorisées à me rendre de me résumer ce qui est dit dans les journaux, puisque le presse m'est interdite.

J A : Vous avez aussi écrit un livre. Comment est-ce possible ?

M H Y : Ce livre «*Le choix de l'action*» était en grande partie achevé quand j'ai été arrêté. C'est un projet que j'ai gardé confidentiel, très peu de personnes étaient au courant

J A : Aviez-vous compris, quand vous aviez été limogé du ministère de l'Administration Territoriale, que vous finiriez par être arrêté ?

M H Y : J'avais conscience que c'était une possibilité avant même d'être exclu du gouvernement. N'avais-je pas dit à l'ambassadrice des Etats-Unis, Janet Garvey – et le contenu de cette conversation a été révélée par Wikileaks -, que l'opération épervier était une campagne d'épuration politique à laquelle je n'échapperais sans doute pas.

J A : Pourquoi ne pas avoir tenter de quitter le pays ?

M H Y : Beaucoup me l'ont conseillé, y compris à des niveaux insoupçonnés de l'Etat, mais je n'ai pas été tenté une seule seconde, parce que J'ai toujours servi mon pays avec droiture et je n'ai rien à me reprocher. Je n'avais donc aucune raison de fuir, mais toutes les raisons de rester pour m'expliquer publiquement sur mon rôle dans l'affaire de l'avion présidentiel. De ce point de vue, le procès a été une bonne chose : les juges ont reconnu que je n'avais pas détourné ou reçu la moindre somme. Cela ne les a pas empêchés de me condamner à 25 ans de prison pour «complicité intellectuelle de détournement», mais tout le monde sait que je suis innocent, et je suis un prisonnier politique.

J A : Regrettez-vous d'avoir fait confiance à la justice?

M H Y : Non. J'ai été condamné à tort par des juges sous pression.

J A : Ne valait-il pas mieux, puis que vous espérez succéder à Paul Biya, que vous soyez libre de vos mouvements ?

M H Y : C'est vous qui dites que je suis candidat ! Pour l'instant, je suis seulement porteur d'un projet de développement, de paix et d'équité qui s'appelle la Société de Confiance. Le moment venu, c'est le peuple qui dira qui doit lui donner réalité. Par ailleurs, du fait de ma situation, ma voix s'est libérée. Je ne suis plus tenu à aucune solidarité gouvernementale. Je m'exprime en toute indépendance, en homme qui assume son passé.

J A : Selon certaines informations, Boko Haram recrute dans le Nord du Cameroun. Cela vous semble-t-il possible ?

M H Y : Comment pourrait-il en être autrement ? Si les djihadistes du Moyen Orient parviennent à recruter en Occident, pourquoi les islamistes nigérians ne recruteraient-ils pas dans leur voisinage immédiat, dans un contexte de pauvreté et de désespoir ? Nous devons porter une attention particulière à ces jeunes qui sont tombés dans le piège de l'extrémisme. Ils ont appris le maniement des armes, ils ont peut-être tué. Que fera-t-on quand ils reviendront au pays ?

J A : Quelle est la situation dans le nord, là où progresse Boko Haram ?

M H Y : Ces régions, comme celles qui jouxtent la frontière avec la Centrafrique, ont été laissées à l'abandon ces trente dernières années. Aucun projet économique d'envergure n'y a vu le jour. Il y a des différences, bien sûr, et la situation n'est pas la même dans l'Adamaoua qui est de plus en plus reliée au resté du Cameroun, que dans le Nord ou l'Extrême-Nord. Le Nord est une région qui pourrait être très riche, mais l'Etat n'exploite pas ce potentiel. L'Extrême Nord, en fin, est la région la plus peuplée du pays, mais elle est complétement abandonnée à elle-même. Elle subit les affres de la sécheresse, des inondations, de la famine, des épidémies et d'un déficit de scolarisation... pas étonnant les jeunes soient sensibles aux sirènes de Boko Haram.

J A : Certains journaux vous ont accusé de fomenter une rébellion dans ces régions...

M H Y : C'est faux. Cela fait plus de quinze ans que le Nord du Cameroun est à la merci des coupeurs de route et des bandits. La tuerie de Kofolata, fin juillet, et l'enlèvement de l'épouse du Vice Premier-ministre, du lamido Kofolata et de sa femme, nous mettent face à notre incapacité à assurer la sécurité dans la région. Alors, que fait le pouvoir ? Il cherche des boucs émissaires. Il veut faire croire que notre modèle social et économique est si solide que l'islamisme radical ne peut s'y enraciner, que nos frontières sont si sûres que Boko Haram n'osera les franchir !

Mais la rébellion du nord est un fantasme.

J A : Où en est l'affaire qui vous oppose à l'Etat du Cameroun et pour laquelle vous avez été condamné?

M H Y : J'ai formé un pourvoi contre ma condamnation. J'attends depuis deux ans, au lieu des six mois prévus par la loi, que la saisine soit vidée. Je rappelle que, après ma condamnation, mon successeur au secrétariat général de la présidence (Jean-Marie Atangana Mebara) a été condamné pour avoir détourné la somme que j'étais supposé avoir dérobé ! Je rappelle aussi qu'un an après ma condamnation, l'avocat de l'Etat du Cameroun, a tenu une conférence de presse à Yaoundé, au cours de laquelle il a reconnu que le litige portant sur l'acquisition de l'avion présidentiel avait fait l'objet d'un accord validé par la justice américaine. Cet accord a consacré l'indemnisation de l'Etat du Cameroun et à établi la renonciation par ce dernier à toutes poursuites et réclamations ultérieures relativement aux mêmes faits.

J A : Votre assistante, Christiane Soppo, a été assassinée en janvier. Où en est l'enquête ?

M H Y : Un rwandais, réfugié au Cameroun, aurait été arrêté. Mais je maintiens que ce meurtre est un odieux assassinat politique. Le pouvoir s'honorerait à traduire les vrais meurtriers devant la justice. Mais, il n'osera pas le faire. L'enquête de votre journal sur la disparition de l'opposant Guérandi Mbara (Lire J.A No 2801) accrédite l'idée que des groupes d'individus formant des tribunaux occultes, rendent une justice parallèle dans le seul dessein de satisfaire des ambitions et des intérêts privés.

J A : Vous avez écrit dans une de lettres ouvertes au chef de l'Etat que vous craignez pour votre sécurité. Est-ce toujours vrai ?

M H Y : Pourquoi croyez-vous qu'on m'accuse de préparer une rébellion ? Mon emprisonnement ne suffit pas. Il faut me faire taire définitivement. Mon assistante a été tuée à coups de machette. Un ancien opposant au régime a disparu. Les avertissements sont clairs pour tous.

J A : Vous avez été membre du gouvernement pen-

dant près de deux décennies. Avez-vous des regrets ?

M H Y : Je l'ai dit, j'assume mon passé. Au public de porter un jugement sur mon bilan, mais je suis convaincu qu'il me reconnaîtra au moins deux choses : La première, c'est que j'ai toujours eu pour seul guide l'intérêt général. Je n'ai pas servi le régime, j'ai servi le pays. La seconde, c'est d'avoir eu le courage de m'exposer, de contribuer à ma mesure à faire avancer le Cameroun, serait-ce sous l'autorité d'un président qui a fini par décevoir le pays. J'en paye le prix aujourd'hui.

TRIBUNE À L'OCCASION DES ATTENTATS SURVENUS À PARIS, EN FRANCE, LE 13 JANVIER 2015

Publiée le 20 janvier 2015 dans le journal Le Monde.

Écrite après les attaques contre Charlie Hebdo et l'Hyper Cacher, cette tribune exprime la solidarité de Marafa avec les victimes françaises. Mais il élargit aussitôt le propos : quelques jours auparavant, **des centaines de civils africains avaient été massacrés à Baga et Kolofata,** dans une indifférence presque totale**. Il appelle à une mémoire équitable, une compassion universelle, et une fraternité sans frontières**. Ce texte interpelle l'opinion africaine et internationale : toutes les vies humaines doivent avoir le même poids. C'est un appel à **la dignité partagée**.

Les attentats contre Charlie Hebdo et l'HyperCacher ont durant trois jours plongé les Français dans le quotidien des Nigérians et des Camerounais. Un quotidien mêlant l'horreur des violences vécues aujourd'hui à la terreur des violences possibles demain.

Mais le terrorisme islamiste ne mettra jamais la France à genoux. Non seulement parce que la France a les moyens de déjouer la plupart des projets d'attentat et de neutraliser rapidement les responsables des rares qui aboutissent ; non seulement parce que son fonctionnement institutionnel et économique est trop solide pour être perturbé durablement ; mais aussi parce que son unité est sans faille. Au massacre de 17 innocents a répliqué la mobilisation de la nation. La classe politique a fait taire ses divisions pour soutenir l'action du gouvernement. Symbole tragique de cette cohésion, les 3 policiers tombés ensemble dans leur mission de protection incarnent, de par leurs origines, la réalité de la «France Black-Blanc-Beur». Le pays n'a jamais cessé de vivre durant ces trois jours, même s'il a retenu son souffle.

Le Nigéria et le Cameroun sont dans une situation autrement plus critique. Par l'ampleur des violences tout d'abord. Le tribut en vies civiles et militaires, car nos soldats se battent avec héroïsme, est inouï. Début janvier, Boko Haram a massacré des milliers de civils à Baga, des dizaines à Waza et à Mozogo. Le 8 janvier, une fillette de 10 ans a été utilisée comme bombe humaine dans le marché de Maiduguri.

Ensuite, parce que le contrôle de l'Etat sur les territoires où agissent les terroristes est de plus en plus incertain. Au Nigéria, c'est 10% du pays qui serait aux mains de Boko Haram. Au Cameroun, l'épouse du vice-Premier ministre avait été enlevée à Kolofata en 2014, avant d'être libérée vivante. Les terroristes franchissent librement la frontière entre les deux pays pour échapper aux armées nationales, qui ne peuvent les poursuivre.

Ce ne sont pas les seules conséquences catastrophiques de l'action de Boko Haram. Il faut y ajouter la destruction du tissu économique et social. Au Nigéria, à Baga, Boko Haram a détruit plus de 600 bâtiments, dont des cliniques, des écoles et des commerces.

Au Cameroun, le nord souffrait déjà depuis 30 ans d'un sous-investissement chronique. Désormais, le chaos qui y règne décourage les investisseurs et la lutte contre le terrorisme doit être financée avec des crédits destinés à des projets d'infrastructures et de valorisation des territoires. Sodecoton, le principal employeur de la région, est au bord de la faillite. Or, il fait vivre près de 2 millions de personnes. Avec l'afflux des réfugiés, l'ONU parle de crise humanitaire majeure, qui va s'aggraver dès le mois de mars avec l'arrivée de la saison de la sécheresse et des épidémies. Le reste du pays regarde avec méfiance ces provinces, de l'Extrême-Nord à l'Adamaoua, où, sans perspectives, des jeunes se laissent happer par l'extrémisme.

L'isolement de ces populations, s'il n'est pas inversé, met en péril l'unité nationale. Sans doute moins au Nigéria. Dans une certaine mesure, Boko Haram y est un nouvel avatar du sécessionnisme. Or, le Nigéria a une longue expérience de la gestion des poussées sécessionnistes. Il a su surmonter sans éclatement les plus graves d'entre elles, comme la guerre du Biafra qui s'est terminée il y a 45 ans presque jour pour jour. La nation a démontré sa capacité de réintégration rapide des rebelles d'hier. Dans le cas du Cameroun, par contre, le risque est réel. Les divisions tribales, communautaires, religieuses, sociales, s'aggravent depuis trente ans et créent un climat de méfiance généralisée qui fait le jeu des terroristes.

Mais, si son degré de magnitude n'est pas le même en France, au Nigéria et au Cameroun, c'est bien d'une menace commune qu'il s'agit. Pleurons ensemble nos morts, et combattons ensemble nos ennemis. Renforçons dès aujourd'hui la coopération internationale contre l'extrémisme islamiste, quel que soit le nom qu'il se donne, Al-Qaïda, Etat Islamique, Boko Haram.

Quel est le premier pas concret dans cette voie ? Le dimanche 11 janvier, les 4 millions de Français qui ont défilé ont été rejoints par des amis venus du monde entier, dont plus de 50 dirigeants internationaux. Même le Premier ministre israélien et le président palestinien ont marché ensemble. Le peuple français a senti son unité renforcée par la solidarité nationale et internationale. C'est cette unanimité qui est son meilleur rempart contre le terrorisme et ses conséquences.

Par contre, les populations du Nord-Est du Nigéria et du Nord du Cameroun vivent comme livrées à elles-mêmes. Un jour elles sont sous le feu des terroristes, le lendemain sous celui de la riposte des armées nationales. Le reste du pays ne descend pas dans les rues pour leur dire son soutien. Aucun chef d'Etat étranger ne défile pour elles à Abuja ou à Yaoundé.

Il faut que bientôt, dans les mois qui viennent, des marches soient organisées sur les lieux des massacres de Boko Haram. Que Nigérians, Camerounais et les représentants de leurs amis en Europe, en Afrique et ailleurs montrent un front uni.

Qu'ils disent, après Je suis Charlie : Je suis Baga, Je suis Maiduguri, Je suis Waza, Je suis Kolofata.

LETTRE OUVERTE AUX CAMEROUNAIS A L'OCCASION DE LA VISITE OFFICIELLE AU CAMEROUN, LE 29 JUILLET 2015, DE MONSIEUR MUHAMADU BUHARI, PRÉSIDENT DE LA RÉPUBLIQUE FÉDÉRALE DU NIGERIA

Publiée le 30 juillet 2015 dans la presse nationale.

Marafa salue la venue à Yaoundé du président nigérian fraîchement élu, tout en soulignant le contraste entre deux trajectoires nationales. Il évoque le courage du peuple nigérian, qui a imposé l'alternance démocratique par les urnes, malgré les violences et les menaces. Il invite les Camerounais à méditer cet exemple, et à se préparer eux aussi à l'alternance — non par la rue, mais par la mobilisation civique. C'est un texte d'encouragement et de vigilance, écrit dans l'ombre, mais tendu vers l'avenir.

Mes chers compatriotes,

En quinze jours, notre pays a été secoué coup sur coup par trois attentats-suicides. Perpétrés par Boko Haram à Fotokol le 13 et à Maroua les 22 et 25 juillet, ils ont fait des dizaines de victimes civiles et militaires. Mes premiers mots sont pour déplorer leur mort, m'associer à la douleur de leurs proches, que je sais immense, et rendre hommage au courage de nos soldats et forces de sécurité.

Il importe de bien cerner la signification de ces événements tragiques. En effet, si nous avions déjà subi de nombreux raids et enlèvements de la part de Boko Haram, nous avions jusque-là été épargnés par les attentats-suicides.

Cette «première» marque-t-elle donc une escalade ? Bien pire, une contagion. Et à deux niveaux : les crises qui bouleversent le monde arabo-musulman s'importent en Afrique subsaharienne et, en parallèle, l'islamisme fanatique progresse dans son instrumentalisation des segments les plus vulnérables de notre société, en particulier les jeunes et les femmes.

15% des musulmans de la planète vivent en Afrique subsaharienne, où ils représentent 30% de la population de cette région. Et selon le Pew Research Center, en 2030, soit dans 15 ans, le Nigéria sera le premier pays musulman du continent devant l'Egypte. C'est dire que l'Afrique en général, et le Cameroun en particulier, voisin du Nigéria, situé sur la ligne de frontière entre l'Afrique musulmane et l'Afrique chrétienne, et dont au moins 20% de la population est de confession musulmane, ne peuvent rester à l'écart des mutations qui touchent le monde musulman.

Ces mutations, quelles sont-elles ? Initiées depuis une trentaine d'années, elles vont dans le sens d'une politisation de l'islam, c'est-à-dire d'un dévoiement graduel de la religion à des fins de conquête du pouvoir et de contrôle social.

C'était le cas, dans les années 80, de l'islamisme perçu comme libérateur, celui qui a chassé les Soviétiques d'Afghanistan ou qui s'est attaqué à la dictature des généraux en Algérie et au régime du Shah d'Iran.

C'était le cas, ensuite, de l'islamisme extrémiste des talibans qui a mis en place un régime ciblant les intellectuels, les artistes, les jeunes, le patrimoine historique.

C'est, plus récemment, le cas de l'islamisme dans son expression la plus radicale, aspirant à l'asservissement total des populations au moyen d'une terreur mondialisée, le djihadisme terroriste qui sévit en Somalie, au Kenya, au Mali, au Nigéria, au Niger, au Tchad, et maintenant au Cameroun.

De ce point de vue, le serment d'allégeance de Boko Haram à l'Etat Islamique a une signification plus prégnante et plus sinistre qu'un simple alignement sur une interprétation dévoyée de la religion et la pratique d'une violence inouïe. Il formalise l'entrée de groupes terroristes locaux dans une stratégie globale de lutte pour le pouvoir. Ce n'est pas un choc des civilisations entre le monde musulman et l'Occident auquel le monde fait face, mais à une guerre pour le contrôle des lieux saints de l'islam et des plus importantes réserves pétrolières de la planète.

Face à cet islamisme conquérant, assoiffé de pouvoir, quelle riposte nous, Camerounais, devons-nous adopter ?

La bataille militaire est bien sûr d'une importance critique, et immédiate. Mais on peut avoir confiance qu'avec nos alliés du continent et nos soutiens internationaux, et avec la valeur de nos soldats, à laquelle je rends un nouvel hommage, nous la remporterons.

Mais la lutte pour arracher les membres les plus vulnérables de nos sociétés à la tentation ou à l'emprise de l'islamisme sera de plus longue haleine.

La première défense à organiser, c'est celle de nos femmes et de nos jeunes.

Les bombes humaines des deux attentats de Maroua ont été des fillettes et des jeunes femmes, dont certaines vivaient de mendicité. Elles devaient avoir la soif d'apprendre, le rêve de se réaliser par le travail et l'entreprise, l'ambition d'être indépendantes et de construire une famille dans laquelle elles auraient été les égales de leurs maris. C'est sans aucun doute la conscience désespérée que rien de tout cela ne se réaliserait pour elles qui les a poussées vers ce geste sanglant et absurde, et non une quelconque foi ou idéologie.

Nous devons agir immédiatement pour l'émancipation des femmes. La première mesure à prendre est d'abolir la polygamie. Un projet de loi portant création d'un code de la famille est déjà disponible depuis des années. Adoptons-le sans attendre. Il y a une douzaine d'années, j'avais accompagné le Roi du Maroc lors d'une visite au Cameroun.

Il m'avait confié que sa plus grande fierté était l'adoption d'un tel code dans le royaume. Je mesure aujourd'hui combien cette fierté était sage et justifiée.

Mais allons plus loin dans l'élimination des archaïsmes nocifs. Fixons un minimum légal pour éviter les mariages précoces et développons le planning familial, en particulier dans les zones rurales. Interdisons et luttons contre les pratiques telles que l'excision et le massage à la pierre brûlante des seins des jeunes filles pour freiner leur croissance. Inscrivons dans la loi l'égalité de traitement des hommes et des femmes en matière d'héritage.

Outre les femmes, les jeunes sont un instrument et une cible privilégiée de l'islamisme. Le continent compte 200 millions de 15-20 ans laissés sur le côté de la route par cette croissance africaine tant vantée par les observateurs. Le Cameroun ne fait pas exception. Et les terroristes recrutent massivement parmi cette population énergique mais désoeuvrée et sans perspectives. Rappelons que Al-Shebbab, nom du principal groupe islamiste sévissant au Kenya, signifie précisément «jeunesse» en arabe.

Il faut rendre la scolarité obligatoire jusqu'à 16 ans sur tout le territoire camerounais, et l'assortir d'un service civique obligatoire de deux mois. Une loi peut être votée dans ce sens dès la prochaine session parlementaire et appliquée dès la rentrée 2016.

Le Nord du pays a particulièrement besoin de cette initiative pour pouvoir jouer son rôle de rempart contre la contagion de l'islamisme fanatique. Le taux d'inscription des enfants dans l'enseignement primaire n'y est que de 40% contre près de 70% dans certaines parties du Sud.

Un pendant de cette mesure est de rendre l'enseignement public réellement gratuit. Il est déjà censé l'être mais nous savons bien que, dans les faits, il s'avère souvent plus cher que l'enseignement privé.

Autre urgence : mettre en œuvre la réforme de l'État civil engagée il y a plus de dix ans, et pour laquelle la France nous a apporté un soutien financier. Comment les dizaines, voire les centaines de milliers de nos compatriotes qui n'existent toujours pas sur les registres du gouvernement pourraient-ils ne pas se sentir marginalisés, ignorés, méprisés ? Rien ne justifie cet immobilisme.

Ces mesures, en particulier l'instauration de l'enseignement obligatoire, demanderont-elles une mobilisation considérable ? Sans aucun doute, mais un pays comme le Cameroun, qui ambitionne d'accueillir la CAN en 2019 et s'est lancé dans un grand programme de construction de stades d'un coût de 550 milliards FCfa, doit être capable de recruter les enseignants et de construire les écoles nécessaires. C'est à se demander où se trouvent nos priorités !

Et, ayant armé nos jeunes pour l'avenir, nous devons enfin créer les conditions du développement économique inclusif, c'est-à-dire un développement qui ne soit pas seulement tiré par la croissance démographique et l'appréciation des matières premières, mais qui crée des emplois dans l'industrie et les services.

Certaines de ces mesures vont-elles à l'encontre de certaines de nos traditions, d'un certain héritage culturel ? Ayons le courage de reconnaître que certaines de ces traditions n'ont plus lieu d'être, qu'elles font obstacle à notre modernisation, et qu'il faut se résoudre à les abandonner. Sans attendre, comme dit la formule : «quand le mal a toutes les audaces, le bien doit avoir tous les courages».

Plus largement, nous devons mettre en place la SOCIÉTÉ DE CONFIANCE fondée sur les valeurs républicaines. Je l'appelle de mes vœux depuis longtemps, car elle est le seul cadre dans lequel nos jeunes pourront s'épanouir, en sachant que leurs efforts seront récompensés à leur juste valeur, que leurs diplômes leur ouvriront la voie d'une vie productive et stimulante, que ce ne seront pas leurs origines sociales, tribales ou géographiques qui détermineront le cours de leur vie.

Il faut étendre cette bataille pour les corps, les coeurs et les esprits au terrain religieux, en promouvant une pratique saine et non dévoyée de l'islam, et qui contribuera à la construction de notre avenir. Comment ?

Au quotidien, nous devons exercer la plus extrême vigilance face aux expressions de cette religion instrumentalisée. L'interdiction récente du voile intégral, dont le port dans le Nord Cameroun est d'ailleurs un phénomène récent, comme la surveillance accrue de lieux de prêche extrémistes, vont dans le bon sens. Il faut en étudier d'autres, pouvant aller jusqu'à un couvre-feu dans les régions les plus exposées au fanatisme.

Un autre élément-clé de cette stratégie d'endiguement de l'islamisme meurtrier, qui n'a de religion que le nom, doit être la participation de nos élites, en particulier musulmanes, à l'effort d'éducation des plus vulnérables. Le silence de ces élites est l'allié de Boko Haram, car les populations l'assimilent à un soutien implicite. «Si je reste assis en silence, je commets un péché», disait Mossadegh. Moi, Camerounais musulman, je condamne ces crimes, je refuse et dénonce le silence.

PARTAGER LA CAN POUR SAUVER L'ÉDUCATION

Tribune publiée le 07 décembre 2015 dans la presse nationale.

Dans cette tribune, Marafa propose une idée à contre-courant : partager l'organisation de la Coupe d'Afrique des Nations entre plusieurs pays pour en réduire le coût, et réallouer les fonds économisés à l'éducation. Dans un pays où le football est un culte et une arme politique, cette prise de position lui vaut un déchaînement de critiques. Il est accusé d'atteinte à la fierté nationale. Mais l'avenir lui donne raison : le surcoût des infrastructures a été dénoncé, et la CAN 2027 sera organisée conjointement par le Kenya, l'Ouganda et la Tanzanie. **Ce texte incarne le courage de dire l'essentiel, même lorsque cela dérange.**

Dans un contexte économique difficile, marqué par la chute des prix du baril de brut et des dépenses militaires exceptionnelles liées à la lutte contre Boko Haram, le Cameroun envisage dans son projet de loi de finances 2016 d'affecter 550 milliards de CFA, soit 13% de son budget, à «la construction des infrastructures nécessaires à la tenue des Coupes d'Afrique des Nations de football 2016 (féminine) et 2019 (masculine)».

Sont projetés notamment la construction de nouveaux stades, de respectivement 60 000 et 50 000 places, à Yaoundé et à Douala, pour un montant de 150 milliards de CFA chacun, la réhabilitation des stades omnisports existants de Yaoundé, Douala, Bafoussam et Garoua (158 milliards FCFA), l'aménagement extérieur des stades de Limbé et de Bafoussam (20 milliards FCFA), ainsi que l'adaptation des infrastructures routières et hôtelières dans et autour des villes concernées.

Voulons-nous, pouvons-nous, nous permettre cette dépense, cet investissement sans lendemain, qui profitera majoritairement à des entreprises étrangères et qui, puisque nous sollicitons l'aide de la Chine pour l'assumer, creusera notre endettement ? Non.

C'est plus d'1 milliard de dollars que nous allons dépenser pour la tenue d'événements de prestige. Cela va se traduire par un déficit de 4,5% du budget de l'Etat. De plus, vu le retard pris dans l'avancement des travaux, il est très probable que la facture finale sera alourdie par les dépassements récurrents dans les projets de ce type. Pour ce seul motif, la dépense serait déjà insoutenable.

Mais elle l'est encore plus si l'on considère qu'elle détourne des ressources publiques, déjà en baisse, de nos priorités vitales et interdépendantes que sont l'éducation et la sécurité face aux attentats répétés de Boko Haram qui installe chez nous, comme dans la sous-région, un climat d'insécurité.

Il ne s'agit pas seulement des moyens à donner à nos courageux gendarmes et militaires, engagés dans une lutte de longue haleine.

Les 550 milliards de CFA alloués aux CAN représentent plus que le budget de l'éducation (éducation de base, enseignements secondaires et enseignement supérieur mis ensemble) en 2016, qui s'élèvera à 449 milliards.

Pourquoi cette comparaison ? L'éducation est un des vecteurs les plus efficaces et les plus importants de lutte contre l'extrémisme. Ces Camerounais, et en particulier ces jeunes Camerounaises, qui tuent d'autres Camerounais, qui, comme à Maroua, à Mora, à Waza, à Dabanga, à Fotokol et ailleurs n'hésitent même plus à mourir pour le faire, agissent aussi par désespoir. Leur donner des perspectives de réalisation personnelle, de dignité, de maîtrise de leur destin suppose qu'ils entrent le plus tôt possible à l'école et en sortent le mieux formés possible. Nos militaires peuvent vaincre Boko Haram, mais seuls l'éducation et l'emploi permettront de triompher durablement de l'extrémisme.

Bien sûr, la vocation de l'éducation ne se réduit pas à l'enjeu sécuritaire, même si elle en est un élément central. Elle engage l'avenir de notre pays sur tous les plans. C'est pour cette raison que j'ai proposé de rendre l'éducation obligatoire jusqu'à 16 ans.

Or, l'éducation primaire et secondaire, ainsi que l'enseignement supérieur, se trouvent aujourd'hui dans une situation de déficit de moyens dramatique. La demande d'éducation est élevée, 1 Camerounais sur 2 ayant moins de 18 ans, et va s'accélérer sous l'effet du dynamisme démographique. Nos infrastructures sont très loin de pouvoir répondre à ces besoins. Dans le primaire, le système scolaire offre environ 50 places assises pour 60 élèves en moyenne, et 40 sur 60 dans le Nord. En milieu rural, 90% des écoles n'ont accès ni à l'électricité, ni à l'eau courante. Comme le souligne l'Unesco, dans certaines régions, comme le Nord, les difficultés d'accès aux écoles se traduisent par la première inscription de nombreux écoliers à l'âge de 8 ans, soit 2 ans de retard par rapport aux directives officielles.

Quelle réponse apporte le projet de budget 2016 de l'Etat à cette situation ? Il l'aggrave, en réduisant des ressources déjà dramatiquement pauvres. Dans le projet de loi de finances 2016, le budget de l'éducation s'établit à 499 milliards FCFA, soit une hausse de 1,4% ce qui, compte tenu de l'inflation de 2,5% inscrite au budget, correspond à une baisse effective de 1% par rapport à 2015.

Devons-nous, pour autant, renoncer à la CAN et demander son report comme l'a fait récemment le Maroc ? Le Cameroun qui n'a pas reçu la CAN depuis 1972, risquerait en cas d'annulation de ne plus la recevoir pendant les 20 prochaines années. Pour cette raison, et aussi parce que ce serait une victoire pour Boko Haram, la réponse est, là aussi, non.

Quelle est donc ma proposition ? Partager la CAN avec nos voisins et frères d'armes dans la lutte contre Boko Haram : le Nigéria et le Tchad. Ces deux pays disposent chacun d'un grand stade, ainsi que d'infrastructures hôtelières adaptées. Un tel partage de la CAN ne coûterait pas, ou peu, d'investissements supplémentaires.

Le Cameroun pourrait organiser la CAN féminine avec les stades qui sont déjà en cours de réhabilitation et d'aménagement. Pour la CAN masculine, le cahier des charges imposant de disposer de 4 stades serait respecté en s'appuyant sur les stades de nos voisins, et le pays renoncerait à la construction des grands stades prévus à Yaoundé et Douala. Pour ce qui est du parc hôtelier, la solution serait de favoriser l'investissement privé, la vocation de l'Etat n'étant de toute façon pas de construire des hôtels.

Qu'aurions-nous à gagner à ce partage ? Tout : une économie équivalente au budget de l'éducation, qui pourra être employée à préparer l'avenir de nos jeunes et à équiper nos troupes et nos services de sécurité ; un resserrement de nos liens avec nos frères Nigérians et Tchadiens, dont Boko Haram veut nous désunir. Notre fierté nationale peut aussi s'exprimer par ce choix de la raison et de la fraternité.

DÉCLARATION FAITE DEVANT LA SECTION SPÉCIALISÉE DE LA COUR SUPRÊME LE 18 MAI 2016 À LA FIN DE L'AUDIENCE CONSACRÉE À L'EXAMEN DE MON POURVOI

Publiée le 19 mai 2016 dans la presse Nationale.

Cette déclaration marque un tournant : Marafa ne plaide plus seulement pour lui-même, mais pour la justice dans son ensemble. Il révèle que l'un des juges, Foe Jean Claude Robert, avait instruit son dossier — une violation manifeste du principe d'impartialité. Il dénonce **un arrêt antidaté, rédigé avant même l'audience publique**. Il accuse l'État d'avoir précipité le verdict pour devancer l'avis des Nations Unies sur sa détention arbitraire. C'est un texte de rupture, qui acte l'effondrement de l'espérance judiciaire et inscrit une parole debout dans la mémoire du droit camerounais.

Monsieur le Premier président,
Honorables membres de la Cour,

Ce serait une audace déplacée que de vouloir vous parler en juriste. Aussi, vais-je me placer sur le terrain des principes gouvernant l'administration de la justice, et non sur celui de la démonstration juridique à proprement parler.

Le premier principe que je veux invoquer, j'en emprunte l'expression à votre prédécesseur dans son allocution du 27 février 2014. Il disait alors :

«Le manquement aux devoirs du statut de la magistrature pourrait s'analyser en un défaut d'impartialité (...). L'impartialité se définit alors comme une absence de préjugés (...). L'impartialité s'applique non seulement aux magistrats du siège mais aussi à ceux du parquet. Le magistrat doit faire preuve d'une parfaite neutralité dans l'examen d'un dossier de procédure et non en faire une affaire personnelle (...). Il ne doit pas se laisser «envahir» par toutes sortes de pressions extérieures (...)».

Il est évident que, s'agissant de mon cas particulier, ce principe d'impartialité, peut-être le plus impérieux parmi ceux qui s'imposent à l'autorité judiciaire, ce principe dis-je, a été bafoué.

Le magistrat Foe Jean Claude Robert a été nommé à la Cour suprême par décret no. 2014/57 du 18 décembre 2014. Par ordonnance en date du 04 mars 2015, il a été désigné membre de la Section spécialisée de la Cour suprême, devant connaître et juger mon recours devant cette auguste Institution.

Quelles fonctions occupait-il avant cette élévation ? Celles de procureur général près la Cour d'appel du Centre, dans lesquelles il se trouve avoir instruit l'accusation contre moi. Il y aurait déjà dans ce fait même de quoi douter de son indépendance.

Mais le doute laisse la place à la certitude, à la certitude de la parfaite partialité de M. Foé, dès lors qu'on examine quelle a été son attitude à mon égard au cours de l'instruction.

M. Foeé écrivait dans un rapport du 29 août 2012 à l'attention du Garde des sceaux : «J'ai l'honneur de vous rendre compte de ce que l'audience criminelle du 27 août 2012 du Tribunal de Grande Instance du Mfoundi a été consacrée aux réquisitions finales du Ministère Public et aux observations des avocats de l'Etat et de la liquidation Camair. Il s'est agi pour le Ministère Public de démontrer que la réunion convoquée et présidée par le secrétaire général de la présidence de la République, Marafa Hamidou Yaya, relative à l'acquisition du BBJ-2, (...) n'a en réalité était que l'occasion pour Marafa Hamidou Yaya d'instruire le ministre des Finances Meva'a m'Eboutou Michel de virer l'argent à GIA, pour garantir d'urgence un avion déjà sorti des chaînes de BOEING (...).

En conséquence, le Ministère Public a requis leur culpabilité».

Or, le ministre Meva'a m'Eboutou, c'est-à-dire le principal témoin de M. Foe, a dit tout autre chose devant les juges. Loin d'affirmer que les modalités d'acquisition du BOEING me revenaient, et lui avaient été imposées par moi, il les a revendiquées à plusieurs reprises devant le juge comme ayant été les siennes.

Je ne citerai que l'une de ces occurrences. Lors de son audience du 26 juillet 2012, le ministre Meva'a m'Eboutou a affirmé sans équivoque qu'il n'a pas reçu d'instructions du secrétaire général de la présidence de la République pour payer cette dépense, qu'il ne lui a pas donné ampliation de ses correspondances et qu'il ne l'a pas non plus informé de l'ordre de paiement donné à la SNH.

Le ministre Meva'a m'Eboutou a également réaffirmé que c'est lui qui a refusé l'émission d'une lettre de crédit que je soutenais et qui aurait empêché à notre pays de décaisser de l'argent.

Ce secrétaire général qui ne donne pas d'instruction, n'est pas tenu informé des correspondances et des ordres de paiement ni par le ministre en charge des Finances ni par la SNH, ce secrétaire général qui, en somme, ne paraît avoir pesé en rien dans ce processus, je n'ai pas besoin de vous rappeler qu'il a l'honneur de se tenir devant vous aujourd'hui.

Pour résumer, j'aurais eu aujourd'hui parmi mes juges quelqu'un qui a requis ma culpabilité, et qui l'a requise en donnant aux déclarations de son principal témoin un sens exactement inverse à leur sens réel et objectif.

Vous me permettrez de penser que, de ce fait, je ne suis pas traité avec impartialité et ne l'ai jamais été jusqu'à maintenant. Je garde cependant espoir tandis que je passe à l'invocation d'un second principe.

Un autre Premier président de votre Cour a dit : «Comme toute oeuvre humaine, la Justice est faillible. Voilà pourquoi Roger Perrot a pu écrire et à juste titre que : «la justice des hommes doit admettre qu'elle peut se tromper» (...). Et à la fin de la journée, lorsque nous quittons le palais de justice, nous devons toujours nous demander si un innocent ne croupit pas injustement en prison de notre fait ?».

Ce Premier président, c'est vous-même. C'était à l'occasion de la rentrée solennelle de la Cour suprême, le mardi 23 février dernier. Je peux donc remercier la providence qui a placé parmi mes juges une individualité partiale, mais qui a aussi mis à leur tête une personnification du plus grand courage que l'on puisse exiger d'un magistrat. Le courage de ne se laisser guider que par la vérité, quoi qu'il en coûte à l'institution et aux hommes qui l'animent de reconnaître leurs erreurs, qu'elles que soient les pressions extérieures qui s'exercent sur eux.

La vérité factuelle, simplement factuelle, est que je suis innocent, monsieur le Premier président.

Pour asseoir ma condamnation, les juges du Tribunal de grande instance du Mfoundi ont invoqué deux (2) jurisprudences. Malheureusement, les deux jurisprudences qu'ils ont exhumées, sont obsolète pour l'une et inappropriée pour l'autre.

Concernant la 1ère jurisprudence, il est curieux que les premiers juges ont affirmé péremptoirement «Qu'il importe peu que ce crime n'ait pas profité à tous de façon égale, la Cour Suprême ayant décidé dans un arrêt no. 23 rendu le 1er décembre 1964 qu'«il n'est pas nécessaire pour que le détournement soit punissable qu'il ait profité personnellement à son auteur»; que le détournement de 29.000.000 $ US est ainsi indivisément imputable à tous les accusés qui ont pris part à sa commission suivant les procédés sus décrits».

Cette jurisprudence qui date de 1964 est obsolète car elle a été rendue sur la base de la loi no. 62/10 du 9 novembre 1962 portant répression des atteintes à la fortune publique dont les dispositions ont été abrogées par la loi 67-LF- 1 du 12 juin 1967 portant institution d'un Code Pénal du Cameroun, lequel exige aujourd'hui l'obtention ou la rétention frauduleuse d'un bien appartenant à l'Etat comme élément matériel de l'infraction.

Pour ce qui concerne la 2ème jurisprudence, les premiers juges ont énoncé que l'intention de commettre l'infraction n'était pas déterminante en rapportant «que s'agissant de la volonté, la chambre criminelle de la Cour de cassation française a fixé la jurisprudence en décidant, dans un arrêt du 4 janvier 1902 (il y a plus de cent ans !) que «l'élément intentionnel résulte de la nature même du délit et n'a pas besoin d'être affirmé par le Juge».

Cette jurisprudence est inappropriée car l'arrêt de la chambre criminelle du 04 janvier 1902 concerne des faits relatifs à l'ancienne infraction française d'«excitation des mineurs à la débauche» aujourd'hui requalifiée en France, en «incitation à la corruption des mineurs».

Cette solution est par ailleurs aujourd'hui remise en cause puisque la Cour de cassation exige désormais la démonstration d'un élément moral même pour cette infraction. Une nombreuse jurisprudence de la Cour de cassation française illustre ce revirement jurisprudentiel.

Monsieur le Premier président,

Encore une fois, la vérité factuelle, simplement factuelle, est que je suis innocent.

C'est ce que l'homme que vous avez devant vous espère que vous reconnaîtrez. Un homme qui a servi son pays et son peuple, un homme qui sans doute a commis des erreurs, mais n'a jamais volé ni personne ni l'Etat, un homme qui garde une foi sincère en la justice de son pays.

Enfin, vous me permettrez, monsieur le Premier président, de réserver les derniers mots de cette adresse à mes Conseils. Je parlais il y a un instant du grand courage qu'il y avait, de votre part, à reconnaître la faillibilité de la justice. Cette qualité, mes Conseils l'incarnent tout autant, eux qui ont bravé menaces et intimidations pour porter si loin et si longtemps ma cause. Pour cela, ils méritent que, à l'ultime étape de la procédure, et devant la plus haute juridiction de notre pays, je leur rende solennellement hommage. Leur exemple honore notre institution judiciaire et nous donne espoir en l'avenir de notre nation.

LETTRE OUVERTE AU PRÉSIDENT DE LA RÉPUBLIQUE À LA SUITE DE LA CATASTROPHE FERROVIAIRE SURVENUE À ESÉKA LE 21 OCTOBRE 2016

Publiée le 28 octobre 2016 dans la presse nationale.

Le train Intercity 152 a déraillé à Eséka, faisant officiellement 79 morts et plus de 600 blessés. Marafa dénonce **une tragédie évitable** : la fermeture de la route entre Yaoundé et Douala a reporté massivement les passagers sur le rail, et CAMRAIL a multiplié les wagons sans mesures de sécurité adéquates. Il pointe la responsabilité de l'opérateur, le **silence du chef de l'État**, l'absence d'enquête indépendante, et **l'impunité** des décideurs. Cette lettre, écrite depuis la prison, oppose à **l'indifférence du pouvoir** une exigence de vérité et de compassion.

Monsieur le Président,

C'est au cœur de l'une des périodes les plus tragiques et les plus sombres de l'histoire récente de notre pays que je m'adresse à vous. Les images insoutenables de l'accident ferroviaire survenu le 21 octobre au matin à Eséka, sur la ligne Yaoundé-Douala desservie par Camrail, ont profondément bouleversé tous les Camerounais. Elles continueront longtemps de les hanter. Ces 79 morts, innocents privés de leur destin et arrachés à leurs proches – mais n'y a-t-il pas eu davantage de victimes qu'on ne veut bien nous le dire ? –, ces centaines de blessés qui tentent aujourd'hui de s'accrocher à la vie dans les conditions sanitaires les plus précaires, sont d'autant plus insupportables à nos compatriotes que ce drame aurait pu être évité. Si l'émotion de la nation est aujourd'hui si forte, c'est parce qu'elle mêle la douleur et la colère.

Lorsque ce tragique événement s'est produit, Monsieur le Président, vous ne vous trouviez pas au Cameroun. C'est donc plus de 48 heures après les faits que vous vous êtes enfin exprimé, à votre arrivée à l'aéroport de Yaoundé. Vous ne vous êtes depuis toujours pas rendu sur les lieux de l'accident. Dans de telles circonstances, qu'on peut sans crainte qualifier de drame national, le chef de l'Etat ne se doit-il pourtant pas d'endosser la douleur de la nation, d'adresser à ses compatriotes des paroles de compassion et d'apaisement, de se recueillir au nom du peuple tout entier sur les lieux de la catastrophe. C'est ce que les Camerounais attendent de vous. Faites donc ce geste simple, Monsieur le Président, pour répondre à leurs souhaits. Allez enfin à Eséka. La dignité, l'émotion de tout un pays l'exigent.

Les Camerounais attendent aussi de vous la vérité. Par décret du 25 octobre, vous avez créé une commission d'enquête sur les circonstances de l'accident. Mais vous avez décidé qu'y siégeraient uniquement des membres de votre gouvernement. Comment, dès lors, cette commission pourrait-elle faire preuve de l'impartialité et de l'indépendance requises en de telles circonstances ? Comment vos ministres pourraient-ils établir en toute transparence les possibles responsabilités de l'État ? Comment pourraient-ils même établir les responsabilités probables du concessionnaire, la société Camrail, à laquelle l'État est lié par des intérêts communs ? Et cela en seulement 30 jours, soit le délai dérisoire qui lui a été accordé pour mener ses investigations ? Les Camerounais ne s'y trompent pas, Monsieur le Président : ils savent bien que de cette commission d'enquête ne pourra pas sortir la vérité pleine et entière sur l'accident d'Eséka. Or cette vérité, ils veulent la connaître. Ils veulent savoir selon quels mécanismes un enchaînement de déficiences et de dysfonctionnements multiples a pu conduire à cette horreur. Vous leur devez donc d'assurer l'indépendance de cette commission d'enquête en l'élargissant à des membres de la société civile, ingénieurs de haut rang, scientifiques éminents, juristes, anciens officiers supérieurs, anciens ministres, médecins. Seuls des enquêteurs aux intérêts non alignés seront à même de livrer des conclusions crédibles. Notre pays n'en manque pas. Donnez-leur l'occasion de faire preuve de leurs compétences et de leur expérience. Donnez ainsi aux Camerounais la possibilité de connaître toute la vérité sur ce drame. Alors, seulement, ils pourront commencer à faire leur deuil.

Sachez enfin, Monsieur le Président, que les Camerounais ont bien conscience que le funeste événement d'Eséka n'est pas un pur accident. Le hasard, ou plutôt la malchance, a bien sûr joué son rôle. Mais elle s'est engouffrée dans une série de brèches complaisamment ouvertes par l'incurie de votre administration. C'est parce que la route reliant les deux principales villes de notre pays s'est brutalement trouvée coupée, en raison d'un entretien insuffisant, qu'on a dans la précipitation entassé des voyageurs dans un train, au mépris des règles de sécurité les plus élémentaires. C'est parce que l'hôpital d'Eséka manquait cruellement de médicaments et de lits que les blessés ont dû être acheminés, dans les conditions les plus épouvantables et les plus critiques pour leur survie, vers les hôpitaux de Douala et Yaoundé. Si les infrastructures routières et ferroviaires de notre pays n'étaient pas aussi vétustes et défaillantes, Monsieur le Président, ce drame aurait pu être évité. Si nos infrastructures de santé n'étaient pas aussi précaires, les blessés auraient pu être pris en charge plus efficacement et plus dignement.

Parmi les leçons que nous enseigne, au prix de telles souffrances, ce terrible accident, figure donc en premier lieu l'urgence à engager un programme massif d'investissement dans les infrastructures de notre pays. Lorsque j'étais secrétaire général à la Présidence, et avant cela ministre de l'Administration territoriale, j'ai sans relâche tenté de vous en convaincre. En vain : vous n'avez engagé dans ce domaine qu'une série de plans d'urgence qui furent autant de cautères sur une jambe de bois. Le drame d'Eséka, dont le souvenir ne devra jamais s'éteindre, interdit désormais aux responsables de ce pays de tergiverser davantage. L'heure est venue pour le Cameroun de se transformer enfin en un Etat aux infrastructures modernes et à l'administration efficace et responsable. L'heure est venue pour des dirigeants qui se mettent vraiment à l'écoute du peuple camerounais, et au service du Cameroun. Le drame d'Eséka a déclenché une onde de choc chez nos concitoyens. Ceux qui restent sourds à cette déflagration ont perdu tout contact avec le peuple.

Veuillez agréer, monsieur le président, l'expression de ma très haute considération.

LETTRE OUVERTE AUX CAMEROUNAIS APRÈS LE DÉCLENCHEMENT DE CE QUI AVAIT ÉTÉ APPELÉ «LA CRISE ANGLOPHONE»

Publiée le 14 décembre 2016 dans la presse nationale.

Marafa est l'un des **tout premiers responsables politiques à s'exprimer publiquement sur la crise anglophone**. Il en analyse les causes profondes: marginalisation politique, centralisation excessive, mépris des spécificités éducatives et judiciaires héritées de la fédération. Il rejette à la fois la violence sécessionniste et l'immobilisme gouvernemental. Il propose **une solution institutionnelle différenciée**, respectueuse de l'histoire du pays, et appelle à la création d'un Conseil national de la Réunification. Ce texte est un appel à l'intelligence politique contre la logique de la force.

Camerounaises, Camerounais, chers compatriotes **anglophones** et **francophones**,

Ces dernières semaines, le profond malaise des Camerounais anglophones a tourné à la colère lorsque des avocats et des professeurs ont investi les rues de Bamenda et de Buea pour réclamer un plus grand respect du bilinguisme de notre pays au sein de ses systèmes judiciaire et éducatif. Depuis quelques jours, cette colère se mue malheureusement en violence : dans ces mêmes rues, de jeunes partisans de l'indépendance des provinces anglophones affrontent désormais les forces de l'ordre. Le sang coule, **des hommes meurent**. Comment en sommes-nous arrivés là ? Pourquoi, aujourd'hui, des Camerounais affrontent-ils d'autres Camerounais ? Pourquoi cette effusion de violence fratricide ?

Lorsque, par le référendum du 20 mai 1972, le peuple camerounais a choisi de mettre fin au fédéralisme pour donner naissance à une « République unie du Cameroun », l'ambition de tous, **anglophones** et **francophones** réunis, était de préparer l'avènement d'un Camerounais nouveau, biculturel, héritier à part égale des « leçons » retenues des deux régences et susceptible de tirer le meilleur de ces deux héritages. Les événements actuels prouvent suffisamment que ce projet a échoué. Deux identités camerounaises distinctes coexistent aujourd'hui, et les anglophones éprouvent à raison le sentiment d'être marginalisés, d'être des citoyens d'un rang inférieur à celui des francophones. Le bilinguisme inscrit dans notre Constitution étant appliqué de façon profondément inégalitaire dans l'administration, la justice et l'enseignement, ils ne jouissent pas de l'égalité des chances qui devrait être accordée à tous les citoyens d'un Etat moderne et démocratique. Cette inégalité frappe également leurs conditions de vie : ils souffrent, plus encore que leurs compatriotes francophones, du chômage et du déficit en infrastructures. Et les anglophones n'ont aucun recours, aucun relais pour dénoncer ces discriminations, puisque, enfin, leur communauté est largement tenue à l'écart des postes clés de l'État et de l'administration, y compris au sein de leurs propres provinces.

Les Camerounais anglophones, qui ont aujourd'hui le sentiment que leur destin leur échappe, dénoncent à raison la trahison de l'esprit du pacte de réunification établi en 1972 entre les représentants des deux communautés. Du non-respect de ce pacte, la responsabilité incombe d'abord aux francophones, et ces derniers doivent reconnaître leurs torts. De « République unie », notre pays est devenu simple « République » par l'adoption de la Constitution de 1984, un glissement sémantique annonçant l'oubli progressif de l'identité biculturelle du Cameroun par un pouvoir monoculturel et centralisateur. Les dirigeants francophones n'ont pas rempli les engagements qu'ils avaient pris en 1972 vis-à-vis de leurs compatriotes anglophones. Mais les leaders anglophones qui avaient pris part à ce pacte de réunification ont eux aussi manqué à leurs devoirs : cette dérive du pouvoir francophone, ils n'ont pas su – ou pas voulu, trop satisfaits de leurs privilèges personnels – la dénoncer.

La nouvelle génération de Camerounais anglophones, qui souffrent des effets conjugués de cette trahison et de ce renoncement, doivent-ils pour autant tourner le dos à leur identité camerounaise, à notre histoire commune ? Sans même parler du caractère illusoire et suicidaire d'une indépendance du Cameroun anglophone, le retour au fédéralisme, que réclament aujourd'hui bon nombre d'anglophones, n'est pas une solution à leurs difficultés. Revenir aujourd'hui à deux États fédérés, l'un anglophone et l'autre francophone, consacrerait définitivement l'échec du pacte de 1972, et ne ferait qu'accentuer le caractère marginal, sur le plan économique comme géographique, des provinces anglophones. Il faut au contraire donner enfin vie au pacte de 1972, bâtir enfin une République unie du Cameroun. Car le bilinguisme, héritage de notre histoire, est aujourd'hui une chance pour notre pays. Seul pays bilingue franco-anglais au monde avec le Canada, un modèle pour le moins inspirant, le Cameroun pourrait, en instaurant un bilinguisme égalitaire, s'insérer plus efficacement dans les pratiques et les codes d'un monde globalisé.

Pour y parvenir, il ne faut donc pas ressusciter le fantôme du fédéralisme, mais bien plutôt faire le choix de la modernité et du progrès, celui de la diversité dans l'unité, en engageant enfin la décentralisation du pays. Les représentants des deux communautés doivent s'asseoir autour d'une table et rédiger un nouveau code du vivre ensemble sur la base de l'expérience passée et des lois de décentralisation de 2004, qui sont malheureusement restées pour l'essentiel lettre morte à ce jour. Cette concertation renforcée sera propice au développement des infrastructures du Cameroun anglophone, et pourrait, par exemple, aboutir à la construction d'un nouvel aéroport international, ou à la construction d'une université jumelée avec une institution prestigieuse internationale offrant des formations spécifiques et de pointe (pilote, high-tech,..) et inexistantes dans la zone francophone. Je propose aujourd'hui qu'un Conseil National de la Réunification soit créé au plus haut niveau de l'État : il se réunira tous les 6 mois pour évaluer la mise en oeuvre de ce code dont la finalité sera l'avènement du Camerounais nouveau, riche de sa culture double. Pour marquer symboliquement mais puissamment la rupture avec la politique centralisatrice que mène le gouvernement avec plus de 30 ans, je propose également que notre pays retrouve son appellation de « République Unie du Cameroun » ainsi que le drapeau arborant deux étoiles jaunes sur la bande verte, au lieu d'une étoile jaune sur la bande rouge comme c'est actuellement le cas. Le retour à l'esprit de 1972 est la meilleure garantie d'un avenir harmonieux et prospère pour tous les Camerounais.

OPEN LETTER TO CAMEROONIANS AFTER THE OUTBREAK OF WHAT HAS BEEN CALLED «THE ANGLOPHONE CRISIS»

Published on December 14, 2016 in the national press.

Cette lettre, rédigée en anglais, prolonge celle adressée en français aux Camerounais. Mais elle ne s'en contente pas: **elle s'adresse spécifiquement à la communauté anglophone**, à la diaspora, aux observateurs étrangers et aux partenaires internationaux. Marafa y exprime sa solidarité avec les populations du Nord-Ouest et du Sud-Ouest, tout en réaffirmant son attachement à l'unité nationale fondée sur la reconnaissance mutuelle. Ce texte élargit le message précédent et cherche à internationaliser l'alerte, à une époque où le pouvoir camerounais nie encore l'ampleur de la crise.

Dear fellow anglophones and francophones compatriots,

These last weeks, the deep malaise of anglophone Cameroonians has turned to anger when lawyers and teachers took to the streets of Bamenda and Buea to demand greater respect for bilingualism in our country particularly within judicial and educational systems. These last few days, this anger has unfortunately turned to violence: in these same streets, young proponents of the independence of the anglophone regions clashed with armed forces. Blood has been spilled and human beeings have been killed. How did we come to this? How come that today Cameroonians are fighting other Cameroonians? Why are we experiencing this outburst of fratricidal violence?

When following the may 20, 1972 referendum, the Cameroonian people decided to put an end to federalism to give birth to a «United Republic of Cameroon», the ambition of all, anglophones and francophones together, was, we thought, to pave the way for the advent of a new Cameroonian, who is bicultural, the heir in equal part of the «lessons» learned from the two regencies and capable to make the best out of the two inheritancies. The present events have amply proven that this project has failed. Two distinctive Cameroonian entities co-exist today and the anglophones have the rightful feeling of being marginalized, of being lower ranking citizens compared to the francophones. The bilingualism inscribed in our constitution is applied in a profoundly inequalitarian manner in the administration, in the judiciary and in education. They do not enjoy the level playing field granted to all citizens of a modern and democratic State. This inequality also has a bearing on their living conditions: they suffer even more than their francophone compatriots from unemployment and infrastructural deficiencies. And anglophones have no recourse, no relays to denounce these discriminations since their community is largely kept away from key positions within the State and the administration, even within their own regions.

Cameroonian anglophones who today have the feeling that they are no longer masters of their destiny, rightfully denounce the treason of the spirit of the unification pact established in 1972 between the representatives of the two communities. The responsibility of not abiding by this pact falls firstly on the francophones and they must recognize their wrong. Later on, to make matters worse, from a «United Republic» our country became a simple «Republic» merely through a modification of the law by the majority. This semantic shift foreshadowing a progressive neglect of the bicultural identity of Cameroon by a monocultural and centralizing Executive. The francophone rulers have not lived up to their commitments of 1972 towards their anglophones compatriots. But the anglophone leaders also, who have been part of this unification pact, have failed to carry out their duties: because they were too happy with the privileges they were enjoying, they did not know how to, or rather, they were not willing to denounce this drifting francophone power.

But should the new generation of anglophone Cameroonians, who suffer from the combined effects of this treason and of this renunciation, turn their back on their Cameroonian identity and on our common history? Not even to speak of the illusory and suicidal character of the independence of anglophone Cameroon, going back to federalism, as many anglophones clamor for today, is not a solution to their difficulties. Going back today to two federal States, one anglophone and one francophone, will definitely consecrate the failure of the 1972 pact and emphasize the marginal characteristic of the anglophone regions economically as well as geographically. On the contrary, we must finally bring to life the 1972 pact, by finally building a United Republic of Cameroon. Because bilingualism, our historical heritage, is today an asset for our country. Being the only french and english bilingual country in the world with Canada, a certainly inspiring model, Cameroon could, by instituting an egalitarian bilingualism, integrates itself more efficiently into the practices and norms of a globalized world.

In order to succeed, we should not resurrect the ghost of federalism, but rather make the choice of modernity and progress, that of diversity in unity, by finally implementing the decentralisation process. The representatives of the two communities must sit together at a table and craft out a new code of togertherness based on past experience and on the 2004 decentralisation laws that unfortunately are still to be implemented. This greater dialogue will be conducive to infrastructure development in anglophone Cameroon and could for example, lead to the building of a new international airport or a university twinned with a prestigious higher learning international institution delivering specific and vanguard training (pilots, high-tech ...) lacking in the francophone part of the country. I propose that a National Council of Unification be set up at the highest level of the State. This Council will meet every six months to evaluate the implementation of this code which purpose is the advent of a new Cameroonian, rich of his double culture. In order to symbolically but decisevely indicate a definite change from the centralizing policy that the government has conducted these last decades, I propose also that our country returns to its appellation of «United Republic of Cameroon» and that our national flag bears again two yellow stars in the green stripe rather than the single star in the red stripe as is presently the case. Returning genuinely to the spirit of 1972 is the best guarantee of a harmonious and prosperous future for all Cameroonians.

INTERVIEW ACCORDÉE AU JOURNAL «GERMINAL»

Publiée dans le N° 108 du lundi 10 juillet 2017.

Dans cet entretien, Marafa revient sur l'évolution de l'affaire dite de l'avion présidentiel et dénonce **le glissement d'Opération Épervier vers une justice d'élimination politique**. Il rappelle l'absence de confrontation avec les principaux témoins, l'isolement dans lequel il est maintenu, et l'absence de soins médicaux appropriés. Mais il ne s'y enferme pas : il propose une refondation de la gouvernance, fondée sur la compétence, l'intégrité et la légitimité démocratique. **Ce texte combine fermeté et hauteur de vue**. Il fait entendre une parole politique debout, depuis l'enfermement.

«MON INCARCÉRATION S'INSCRIT CLAIREMENT DANS UN CONTEXTE DE GUERRE DE SUCCESSION»[1]

Il est intelligent, bosseur et compétent. Il n'a pas sa langue dans sa poche et n'hésite pas à dénoncer l'immobilisme ou l'inertie qui plombe le décollage du Cameroun. Il n'est non plus rancunier. Malgré sa condamnation à de lourdes peines de prison (25 ans puis réduit à 20 ans), il reconnait que nos juges ont pour la plupart des grandes qualités mais n'ont guère de moyens de résister à la pression du pouvoir exécutif. Même ses détracteurs reconnaissent ses qualités de meneur d'hommes, d'homme politique et d'homme d'État qui a le sens

1 Le titre et le texte introductif sont de la rédaction de Germinal

de l'État. Apparemment distant quand il est face à des inconnus, ses camarades de faculté sont unanimes, un individu convivial, féru d'humour, un gai luron et un grand « ambianceur ». Un homme qui se libère entièrement chaque fois qu'il est avec ses amis et des gens dont la sympathie lui semble sincère. Son ambition, instaurer une société de confiance qui relèvera les défis du développement économique, démocratique et l'unité nationale. Lisez plutôt.

Germinal : Bonjour Monsieur le Ministre. Si nous vous laissons le choix, aimeriez-vous que nous vous interpellions en disant : Monsieur le Ministre, Monsieur Marafa, Monsieur le Prisonnier ? Pourquoi ?

M H Y : Ironie pour ironie, je pourrais vous répondre : je suis Marafa par la grâce de Dieu ; tandis que Ministre et prisonnier, je le suis devenu par la volonté d'un seul homme. Mais, Monsieur le Ministre me convient, car j'assume, avec fierté, l'honneur de l'avoir été au service de mon pays. En outre, cela convient d'autant mieux qu'au Cameroun, le titre de ministre est synonyme de prisonnier potentiel.

Germinal : Quel est votre État d'esprit, votre moral actuellement après un peu plus de 5 années d'incarcération ? Et votre état de santé, qui s'est dégradé quelquefois vous poussant à consulter les médecins? Y a-t-il un rapport entre vos différentes hospitalisations et votre condition de détention ?

M.H.Y. : C'est une rude et longue épreuve pour ma famille, les amis qui me soutiennent et pour moi. Mais, j'ai un mental d'acier, et la conscience sereine. Quant à mon moral, il se laisse parfois submerger par le profond sentiment d'injustice et de colère intérieure que je ressens à être en prison sans avoir commis ni crime ni délits, et à y être maintenu malgré le jugement des Nations Unies d'avril 2016, demandant ma libération. Mais, très vite, ma combativité reprend le dessus. Mon état d'esprit est positif, je crois en mon destin au service du Cameroun. Bien sûr, si ma santé le permet.

Germinal : Plus généralement, quelles appréciations faites-vous des conditions de détention dans les pri-

sons camerounaises ?

M.H.Y. : Selon l'Observatoire International des Prisons (OIP), le Cameroun, avec un taux de densité carcérale de 296 %, se place au deuxième rang mondial juste après la Barbade (302%). Ce taux qui rapporte le nombre de détenus à la capacité fonctionnelle des établissements pénitentiaires de notre pays masque des disparités fortes selon les prisons. À Kondengui, et à New Bell, ce chiffre est largement dépassé. Ce sont, pour un prisonnier, des conditions de détention inhumaines auxquelles nul n'est préparé. Au-delà des considérations morales, la surpopulation carcérale, c'est aussi un enjeu de santé publique. En effet, les prisons sont des incubateurs de maladie tels que le Sida, la tuberculose, l'hépatite C. Il suffit de considérer le nombre de détenus, porteurs de ces virus, qui sortent quotidiennement de prison à l'occasion d'une permission ou à la fin de leur peine, et le nombre d'entre eux qui sont porteurs de ces virus - un rapport ONUSIDA de 2007 évoquait un taux de prévalence du Sida de 12% dans les prisons camerounaises ! - pour comprendre que la surpopulation carcérale est un facteur de propagation de ces maladies dans le pays. J'ai vu à Kondengui des jeunes gens, enfermés là depuis des mois au contact de criminels endurcis, pour des chèques sans provision. Certains d'entre eux, à leur sortie, seront devenus des malfaiteurs dangereux, porteurs de maladies graves transmissibles et constitueront de vrais dangers pour la société. La prison, c'est l'affaire de tous. Le Cameroun doit revoir sa politique pénale et pénitentiaire ! Cela va de la politique pénale (la prison doit être la peine ultime), à la création de maisons d'arrêt (pour les prévenus en attente de jugement) et à la construction de nouveaux centres de détention.

Dans le cadre de la recherche des solutions pour améliorer les conditions de détention, j'avais proposé, en 2004, que la responsabilité de l'administration pénitentiaire soit retirée au ministère dont j'avais la charge pour être confiée au ministère de la justice. Il m'avait semblé en effet qu'il était plus logique que ceux qui sont chargés de prononcer les peines soient également ceux qui en supervisent l'exécution. Mais je constate que cela a été vain.

Peut-être faudrait-il innover et tester le recours à des prestataires privés pour la gestion d'une prison.

Germinal : Aviez-vous imaginé avant votre interpellation, compte tenu des services rendus au régime que vous avez loyalement servi pendant plusieurs années, qu'un jour vous pourriez vous trouver derrière les barreaux du fait des manoeuvres des personnes que vous avez servies ? Autrement dit, votre interpellation vous avait-elle surpris ?

M.H.Y. : L'Operation épervier, je l'ai dit par ailleurs, a été détournée de sa vocation initiale, qui était de lutter contre la corruption par le moyen d'une justice indépendante, et s'est transformée en un instrument d'intimidation et de règlement de comptes politiques. Tout ministre au Cameroun, sa réputation et son honnêteté fussent-elles entières, sait qu'il peut à tout moment être mis en prison pour des raisons politiques habillées, plus ou moins adroitement, en affaire judiciaire. Et peu importe qu'il soit innocent, une partie de l'opinion publique y verra la juste sanction de sa seule participation au gouvernement. Dans mon cas, le fameux : «vous-étiez-un-piller-du-régime» suffit à justifier une sanction expiatoire.

Germinal : Si vous faites abstraction de tout ce qui a été dit et écrit, comprenez-vous pourquoi vous êtes ici ?

M.H.Y. : J'ai été emprisonné, et je suis maintenu en prison pour des mobiles strictement et exclusivement politiques. L'ONU a demandé la libération de Mr Engo, [Pierre Désiré, Ndlr], il est libre aujourd'hui. L'ONU a demandé la libération de Mr Atangana [Michel Thierry, Ndlr [et de madame Eyoum [Lydienne Yen, Ndlr] ils sont libres. Malgré la demande de l'ONU de me libérer, malgré tous les appels internationaux en ma faveur, je reste prisonnier. Preuve, si besoin était, que mon cas relève d'une autre catégorie.

Germinal : Après les différents verdicts rendus en votre défaveur, quel regard jetez-vous sur la justice camerounaise ?

M.H.Y. : Mon affaire a été jugée par trois instances. Tout d'abord, par le Tribunal de Grande Instance du Mfoundi qui m'a condamné à 25 ans d'emprisonnement pour « complicité intellectuelle de détournement de fonds publics », crime qui n'existe pas en droit Camerounais. Puis, par la Cour Suprême qui a cassé et annulé le jugement du Tribunal de Grande Instance et réduit ma peine à 20 ans. L'arrêt de la Cour Suprême établit clairement que sa Section Spécialisée, devant laquelle j'ai comparu les 17 et 18 mai 2016, m'avait condamné deux semaines avant de me juger ! Enfin, j'ai été jugé par le Groupe de Travail des Nations Unies pour la Détention Arbitraire qui, au terme d'une procédure contradictoire de plusieurs mois, et après examen des milliers de pièces fournies par les avocats de l'État et les miens, a rendu une décision demandant ma libération immédiate, et même une indemnisation de mon préjudice. Mon regard sur la justice camerounaise ne diffère pas de celui de nos compatriotes ou de celui de la communauté internationale. Dans l'index Mo Ibrahim 2016, qui fait autorité en matière de gouvernance, notre justice est classée sur le critère de son indépendance au 42e rang sur 54 pays africains. Cela m'attriste, car nos juges sont pour la plupart de grande qualité, et ils n'ont guère de moyens de résister à la pression du pouvoir exécutif. Mais je ne désespère pas que certains d'entre eux, à l'exemple de leurs confrères malgaches, décident de relever la tête.

Germinal : Faut-il désespérer de notre justice ? Comment la rendre véritablement indépendante de l'exécutif ?

M.H.Y. : Non, il ne faut pas désespérer, car, nous avons parmi nos juges des magistrats de première catégorie. Mais, il serait illusoire de prétendre réformer notre système judiciaire sans toucher à la structure et au fonctionnement de nos institutions politiques. Autrement dit, tant que, de par la loi, nous aurons un président à vie, nous aurons une justice aux ordres.

Germinal : Est-ce qu'il vous est déjà venu à l'esprit de demander la Grâce présidentielle ? Pourquoi ?

M.H.Y. : Non. La grâce présidentielle n'est pas un droit. Elle s'accorde, elle ne se demande pas.

Germinal : Récemment, vous avez affirmé chez un confrère que vous êtes à la fois prisonnier du système

et de M. Paul Biya. Cela veut dire que ce n'est pas seulement parce qu'en 2011 vous avez conseillé à M. Biya de ne pas se représenter à la présidentielle que vous payez le prix fort. Connaissez-vous les autres personnes au sein du régime qui vous en veulent ? Pouvons-nous avoir une idée sur ces personnes et de leurs motivations ?

M.H.Y. : Mon propos entendait justement se placer au-dessus des personnes, que ce soit celles qui souhaitent se maintenir au pouvoir ou celles qui veulent y accéder. Je mettais en cause ce système global dont nous sommes tous peu ou prou responsables. Cela dit, mon incarcération s'inscrit clairement dans un contexte de guerre de succession, qu'exacerbent les rivalités entre les partisans d'un statu quo qui préserve leurs prébendes, et ceux qui plus ambitieux, mais sans talents, en sont réduits au vil expédient d'instrumentaliser la justice afin d'écarter tout concurrent potentiel sérieux.

Germinal : Avez-vous au cours des nombreuses années passées aux côtés du président de la République, en tant que très proche collaborateur, appréhendé sa conception du pouvoir politique suprême ?

M.H.Y. : Sa façon d'exercer le pouvoir tient à deux choses : d'une part, à son caractère, réfléchi, prudent, conservateur, naturellement méfiant (les évènements de 1984 ont accentué ce trait), pessimiste quant à la nature humaine, secret, mystique jusqu'à l'occultisme, charmeur, jovial; et d'autre part, à la pratique institutionnelle dont il a hérité de son prédécesseur, et qui lui permettent de s'inscrire dans une tradition faite de clientélisme tribalo-religieux, de répressions violentes des manifestations anti- gouvernementales, d'instrumentalisation du sentiment national,

Germinal : Pourquoi d'après vous sa gouvernance ne permet-elle pas le décollage du Cameroun, à telle enseigne que des observateurs avertis estiment que l'émergence promise pour 2035, n'est qu'un slogan politique ?

M.H.Y. : En fait, le concept d'Émergence, repris par de nombreux pays africains, recouvre un corpus de règles (10) néo-libérales qu'on appelle le Consensus de Washington, et que les États doivent respecter dans leur plan de développement et leur budget s'ils veulent obtenir des financements du FMI ou de la Banque Mondiale. L'Émergence c'est moins un projet qu'une conditionnalité reformulée. Ces règles prévoient notamment : la privatisation des entreprises publiques, l'élimination des barrières à l'entrée et à la sortie sur les marchés, l'élimination des barrières à l'investissement direct étranger, la libéralisation des échanges, etc. L'Émergence camerounaise, ou, si l'on retient une formule moins ambigüe, la Stratégie Pour la Croissance et l'Emploi est-elle en bonne voie ? «UN PAYS ÉMERGENT, DÉMOCRATIQUE ET UNI DANS LA DIVERSITÉ» c'est la formule qui résumait la vision du Développement du Cameroun à l'horizon 2035, présentée par le Premier ministre Yang Philémon. Si d'incontestables progrès ont été atteints en matière de croissance économique depuis le début des années 2000, force est de constater que les objectifs fixés par le gouvernement pour la période intermédiaire 2010 - 2020 sont d'ores et déjà hors d'atteinte. Qu'il s'agisse du développement des Infrastructures (Énergie, Bâtiments et Travaux publics, Transports, Technologies de l'Information et de Communication, Développement urbain Habitat, Eau et Assainissement), de la Modernisation de l'appareil productif, ou du Développement humain (Santé, Éducation, Formation Professionnelle). Sur l'ensemble de ces points nous sommes en retard par rapport à notre feuille de route ou bien à d'autres pays de poids comparable comme la Côte d'Ivoire. UN PAYS DÉMOCRATIQUE ? Ne jouons pas sur les mots. Le cas récent de la Gambie nous enseigne qu'est démocratique non pas un pays dans lequel un Président a été élu par une majorité, mais celui dont les citoyens peuvent s'en débarrasser sans risquer la prison ou leur vie. La démocratie, c'est l'alternance. L'alternance pacifique. Enfin, UN PAYS UNI DANS LA DIVERSITÉ ? La crise anglophone est très symptomatique des progrès à faire dans ce domaine.

Germinal : Comment la Société de confiance que vous promettez aux Camerounais pourra-t-elle apporter des solutions aux crises multiformes qui les frappent ?

M.H.Y. : Seul un Cameroun qui aura repris confiance en lui sera en mesure, tête haute, de relever ce triple défi :

1) le défi d'un développement économique au service des intérêts réels du peuple Camerounais. Actuellement, nous n'avons aucune capacité de négociation avec les institutions internationales. C'est juste un jeu de dupes, nous faisons semblant de croire que leurs recommandations seront efficaces, et elles font semblant de croire que nous sommes une démocratie.

2) le défi d'une démocratie véritable. La Société de confiance s'appuiera sur le principe constitutionnel de l'alternance à la tête de l'État, au terme d'un ou de deux mandats, ce qui mettra notre pays à l'abri de la servitude volontaire.

3) le défi de l'Unité nationale. La Société de confiance permettra de mettre en oeuvre une politique sincère de décentralisation, qui est l'outil indispensable de la cohésion nationale.

Germinal : Où en êtes-vous avec ce projet de société?

M.H.Y. : Le projet avance. D'une façon ou d'une autre, j'espère que les principales propositions du projet de Société seront débattues lors de la prochaine élection présidentielle.

Germinal : Dans votre récent ouvrage, Le choix de l'action, vous écrivez que les Camerounais « veulent croire en leur avenir, et tout ce que leur offre ce régime finissant, c'est le spectacle tragi-comique de son immobilisme ». À qui incombe la responsabilité de cet immobilisme qui est pourtant dénoncé à longueur de discours ?

M.H.Y. : Trêve de faux-fuyant, l'immobilisme est la conséquence du manque de volonté de l'exécutif. Un pays qui parvient, en pleine crise économique, à mobiliser plus de 500 milliards de FCFA pour la construction de stades de football, pourquoi n'a t-il pas pu, depuis des décennies, réunir les moyens nécessaires, qui sont plus modestes que ceux mobilisés pour la prochaine CAN, pour construire un deuxième pont sur le Wouri, une route et un chemin de fer vers le Nord, une autoroute entre Douala et Yaoundé, ou bien encore une route reliant Douala à Lagos, alors que l'on peut aller, par la route, d'Abidjan à Lagos en une journée. Le manque de volonté est la seule explication. Notre pays est devenu un pays qui subit, et ne réagit que sous la pression ou la contrainte.

Germinal : Qu'est-ce qui d'après vous explique le décalage qu'il y a entre les discours du chef de l'État et ses actes ?

M.H.Y. : En grande partie cela tient à son isolement qui le coupe de la réalité du peuple. On ne peut durablement nourrir l'action politique sur la foi de rapports, mémos, et notes des collaborateurs ou des organismes internationaux. Aller sur les lieux d'un terrible accident ferroviaire n'est pas seulement le moyen de montrer sa compassion, mais aussi prendre la mesure des facteurs environnants tels que : les implications des régimes de concessions, la politique d'achat des équipements, le maillage sanitaire du pays. Aller à la rencontre des concitoyens sur le terrain, privilège que j'ai eu - et j'en suis reconnaissant au Chef de l'Etat - durant 9 ans dans mes fonctions de Ministre de l'Administration territoriale et de la Décentralisation, est indispensable pour apprécier les besoins réels du pays. En outre, la concentration des pouvoirs à Yaoundé, entre les mains jalouses de quelques ministres, ou crypto ministres, est un frein à la mise en oeuvre des projets.

Germinal : Dans l'ouvrage ci-dessus vous déclarez vouloir « assumer le passé pour construire l'avenir ». Aussi peut-on lire ; « au fil du temps, le régime dont j'ai été l'un des acteurs a déçu les espérances des Camerounais, dont la grande capacité de résilience a permis d'éviter le pire ». N'est-ce pas une manière de dire que vous êtes aussi responsable de l'immobilisme que vous dénoncez, vous qui avez servi ce système pendant 19 ans ?

M.H.Y. : J'ai servi mon pays au gouvernement pendant 19 ans, et je suis fier de ma contribution. Et, c'est bien parce que mon travail, ma conduite ont été largement appréciés qu'un grand nombre de nos compatriotes, et de partenaires internationaux, ont pu et continuent de voir en moi, malgré la situation dans laquelle on m'a placé, le meilleur candidat à la succession de Paul Biya.

Germinal : Toujours dans le même ouvrage, vous montrez comment vous avez sauvé le régime lors des élections de 2002. Pourquoi dans cet ouvrage, écrit longtemps après les émeutes de février 2008, n'avez-vous pas eu un mot pour le repos de l'âme de nombreux Camerounais dont la vie a été enlevée par la soldatesque de Monsieur Biya ?

M.H.Y. : Si ma compassion pour ces vies perdues et pour les familles endeuillées n'est pas apparue clairement, je le regrette, car elle est grande. Je me suis toujours opposé, dans l'action publique, aux répressions aveugles et leurs cortèges de morts inutiles. Concernant les émeutes de février 2008 sur lesquelles toute la lumière n'a pas encore été faite, elles sont, au même titre que l'affiliation à des groupes terroristes ou l'exposition aux dangers de l'émigration clandestine, une dramatique illustration de ce à quoi le désoeuvrement, le désespoir de notre jeunesse peuvent conduire. Avons-nous, dix ans plus tard, tiré les leçons de ces tristes évènements ? Manifestement, non. Quant au fiasco électoral de 2002, c'est une catastrophe évitée de justesse. Il ne s'agissait pas, comme vous le dites, de sauver le régime, mais de remédier aux dysfonctionnements de notre administration, de rassurer et de redonner confiance à nos compatriotes. Je n'étais pas seul engagé à cette tâche, heureusement, même si c'est sur moi que les projecteurs étaient braqués.

Germinal : Comprenez-vous la position de ceux qui disent que vous êtes victime d'un système que vous avez construit avec le régime de Renouveau ?

M.H.Y. : Je ne demande à personne de s'apitoyer sur mon sort. Je n'ai pas construit ce régime du Renouveau, qui s'appuie sur la servitude volontaire dans laquelle nous nous sommes enfermés depuis notre indépendance, et dans laquelle se trouvent encore tous les pays pétroliers d'Afrique centrale. Le seul remède pour nous tirer durablement de cette léthargie, c'est de redonner à chacun le goût de la liberté, de l'autonomie, du risque. C'est le coeur du projet de la Société de confiance. Ce n'est pas un slogan creux. Les pays d'Afrique de l'Ouest, du Sénégal au Nigeria, ont franchi ce pas vers la liberté démocratique, et on en mesure déjà les bienfaits. Il n'y a guère de raison que notre sous-région, à commencer par le Cameroun, ne puisse y parvenir, que nos compatriotes ne puissent retrouver la confiance en l'Etat, clé d'un fonctionnement social harmonieux. La démocratie, c'est comme l'eau courante ou l'électricité. Une fois qu'on y a gouté, il devient impossible de s'en priver volontairement.

Germinal : Une certaine opinion pense que vous êtes en prison parce que la France aurait manifesté l'intention de vous aider à remplacer M. Biya au pouvoir. Et le fait que vous ayez conseillé – avez-vous écrit – au Président de ne pas se présenter à la réélection est loin d'en prouver le contraire. Pouvez-vous confirmer ou infirmer ce soupçon ?

M.H.Y. : Je ne suis ni le candidat des Français ni celui des Américains. Au Cameroun, comme ailleurs, la France, comme toutes les grandes puissances, poursuit ses intérêts. Depuis plus de 30 ans, le Président Biya les a t-il jamais remis en cause ou menacés de quelque manière que ce soit ? Évidemment non. Alors, pourquoi la France chercherait-elle à le remplacer ? Ceux-là qui font de moi, le candidat de Paris afin d'exacerber le sentiment nationaliste des Camerounais, sont les premiers à supplier les français de ne pas laisser le musulman, pro américain selon eux, que je suis, accéder aux plus hautes responsabilités, car cela serait contraire aux intérêts... de la France !

Germinal : Pendant l'ajustement structurel de 10 ans que nous ont imposé la Banque mondiale et le FMI, les Camerounais ne vous ont pas entendu vous prononcer pour ou contre les privatisations des entreprises publiques dont le résultat était pourtant la destruction du tissu industriel national, entre autres. En étiez-vous si convaincu du bien-fondé ?

M.H.Y. : Je suis favorable à la modernisation de notre économie, et l'intervention des entreprises privées, encore faut-il :

1) laisser dans le giron de l'État les services publics nécessitant encore de lourds investissements primaires en infrastructures ;

2) ne pas remplacer un monopole d'État par un monopole

privé, mais renforcer le jeu de la concurrence ;

3) favoriser la privatisation au profit d'acteurs nationaux.

La déréglementation générale de l'économie, le développement du secteur privé au détriment du secteur public sont un phénomène mondial, qui concerne des secteurs comme l'électricité, l'eau, la poste, le transport aérien, la téléphonie, le rail. La présence de l'État constituait une relative protection pour le consommateur. Avec l'arrivée des capitaux privés dans des logiques de marché, cette protection tend à disparaitre. Le consommateur ou l'usager se trouvent démunis face à des entreprises privées dont la raison d'être est d'assurer des profits, certainement pas un service public. En outre, dans les pays en forte croissance démographique, comme le nôtre, les infrastructures restent à développer - l'électrification rurale est notamment une priorité - et cela n'est pas dans la capacité ni la vocation du secteur privé.

Germinal : L'opinion publique camerounaise pense qu'il s'est agi d'une politique d'extraversion de l'économie camerounaise programmée par ceux qui ont persuadé le Président Biya de signer les APE de façon discrétionnaire. Quelle est votre opinion à ce sujet ?

M.H.Y. : Les APE, c'est une pilule empoisonnée. Elle avait pour préalable une intégration régionale achevée de notre zone économique, la Cemac (Communauté économique et monétaire de l'Afrique centrale, Ndlr). Or la libre circulation des biens et des personnes dans cet espace n'existe pas. En outre, ma conviction est que l'intégration des pays comme le Cameroun, le Gabon, le Congo et le Tchad n'accroît pas leurs atouts pour rentrer de façon compétitive dans la mondialisation. Car, en terme géographique, ce qui manque à l'un, l'autre ne l'a pas. Et en terme politique, ce que l'un a et qui manque à l'autre, celui-ci préférera souvent le trouver hors de la zone Cemac ou bien s'en priver. Me vient à l'esprit l'exemple de la main-d'oeuvre qualifiée qui se trouve au Cameroun, et que certains états de la Cemac refusent d'employer sur leurs grands chantiers, préférant exiger des entreprises internationales qui opèrent chez eux d'aller embaucher des travailleurs, en Asie, même si cela coûte plus cher.

Germinal : Sauf mauvaise information de notre part, vous êtes l'un des nombreux Ingénieurs des pétroles dont dispose notre pays. On se serait attendu à ce que, à l'instar de l'Algérie, le Cameroun en profite pour organiser la maîtrise endogène de son pétrole dont l'exploitation reste le monopole de l'étranger, et notamment la France. Cet abandon de la souveraineté nationale est-il l'effet programmé d'un deal, ou bien y a-t-il une difficulté particulière pour le gouvernement ?

M.H.Y. : En matière pétrolière, c'est la géologie qui, in fine, détermine à la fois le type de contrats, et le profil des intervenants. Le contexte géologique algérien et camerounais diffère sensiblement. Chez eux, les champs pétroliers sont de tailles considérables, chez nous, ils sont assez disséminés et de tailles modestes, ce qui requiert la mise en commun entre opérateurs d'une logistique d'évacuation relativement lourde, alourdissant les coûts opératoires. Cela ne favorisait pas l'intervention, à l'origine, d'indépendants nationaux dans l'amont de la chaîne pétrolière.

Cela étant, à la création de la SNH (Société nationale des hydrocarbures, Ndlr), alors que je dirigeais le Département Exploration - Production, nous avions l'ambition de faire de cette société nationale un opérateur pétrolier de plein exercice. Nous recrutions systématiquement, chaque année, les trois meilleurs ingénieurs sortant de l'École Polytechnique de Yaoundé pour les envoyer en formation à l'étranger dans divers secteurs des métiers du pétrole. Après les changements intervenus à la tête de la SNH en 1984, cette politique a été sacrifiée à l'autel d'autres réalités propres à notre pays, et avec elle l'ambition patriotique d'une SNH opérant nos champs pétroliers.

Germinal : Après trois décennies de règne, l'impression qui prévaut dans notre pays, c'est que le Renouveau a réussi l'exploit de faire regretter l'ancien Président Ahidjo, notamment sur le plan socioéconomique. Comment une telle situation s'explique-

rait-elle selon vous ?

M.H.Y. : La tentative de coup d'État de 1984 a eu pour effet d'installer une chape de silence sur les années Ahidjo. De fait, le bilan, l'inventaire des années Ahidjo n'a jamais été fait. Alors, on idéalise ou dénigre cette période sans en débattre réellement. Or, ce débat est crucial, car c'est un héritage qui pèse lourdement - et sournoisement - sur le mode de fonctionnement de nos institutions et de notre pays en général. Sur la page Cameroun de Wikipédia, l'encyclopédie en ligne, aux rubriques Histoire et Politique, le nom du Président Ahidjo est à peine mentionné ! Comment donner des repères et des valeurs à notre jeunesse, comment construire une identité nationale forte en occultant près de la moitié de l'histoire récente de notre pays ? Or, si cette période peut donner matière à de sévères critiques, elle constitue aussi une source d'inspiration ne serait-ce qu'en matière d'affirmation de la voix du Cameroun sur la scène régionale et internationale.

Germinal : Et quand Cavayé Yégué affirme sur le perchoir de l'Assemblée nationale que « le Boko Haram est parmi nous », comment le comprenez-vous ?

M.H.Y. : Je crains de ne pas être le meilleur exégète de la pensée sinueuse du Président de l'Assemblée nationale. Je peux simplement souligner que l'intitulé de sa fonction voudrait que sa parole oeuvre au rassemblement des Camerounais et non à leur division.

Germinal : Notre pays pouvait-il éviter les attaques terroristes dans la région de l'Extrême Nord ? Comment ?

M.H.Y. : Comme la géologie en matière pétrolière, la géographie importe en matière politique. Maïduguri et la forêt de Sambisa, le berceau et l'épicentre des activités de Boka Haram, sont situées à quelques kilomètres de la frontière camerounaise. Il était prévisible que notre pays soit touché par ce fléau mondial qu'est devenu le terrorisme.

J'avais fait part en son temps au Président de la République de mes avis et recommandations sur la situation qui prévalait et les menaces qui pesaient dans cette partie de notre pays. Ma dernière note à ce sujet date de février 2012. Vous comprendrez que je ne puisse pas m'étendre plus sur ce sujet particulièrement sensible.

Germinal : Depuis quelque temps, les régions dites anglophones sont dans une zone de turbulence. Les solutions proposées et/ou apportées par les pouvoirs publics sont considérées par une partie de l'opinion comme de simples palliatifs. Comprenez-vous leurs revendications ? Partagez-vous cette opinion ?

M.H.Y. : Au commencement de cette crise, les revendications étaient essentiellement sectorielles. Les mauvaises réponses apportées par le gouvernement à ces revendications ont conduit à une radicalisation qui a abouti à une crise socio-politique. Revenu à de meilleurs sentiments, le Gouvernement a apporté des réponses dont certaines vont au-delà des revendications initiales qui étaient somme toute légitimes. Mais entre-temps, la crise a pris une autre ampleur. Cela devrait nous donner l'occasion de ré-exprimer notre volonté commune de vivre ensemble et d'en fixer les nouvelles règles.

Germinal : Dans la recherche des solutions à ce qu'il est convenu d'appeler le problème anglophone, certains sujets doivent-ils être tabous ? Quelles solutions durables, pour ne pas dire définitives apporter à ce problème ?

M.H.Y. : En politique, il ne faut laisser subsister aucun tabou. Ma conviction est que toute solution durable passe par une décentralisation sincère, réelle, qui devra être périodiquement et démocratiquement réévaluée.

Germinal : Pensez-vous comme certains observateurs que la crise anglophone est un prélude aux batailles pour la présidentielle de 2018 ? Et au regard de la situation actuelle marquée par la lutte contre le terrorisme, les nombreuses revendications sociales, la cherté de la vie, le problème anglophone, entre autres, ne devrions-nous pas avoir peur d'une alternance heurtée au Cameroun?

M.H.Y. : La crise anglophone touche à l'essence même de notre nation : qu'est-ce que le Cameroun, qu'est-ce qui fait notre identité particulière ? Ma vision du Cameroun est très claire : nous sommes une nation du défi. Relever le défi est dans l'âme des Camerounais, et dans notre histoire. De ce point de vue, le vote historique de nos compatriotes anglophones, par lequel ils se sont rattachés au Cameroun francophone plutôt qu'au Nigeria anglophone, est aussi consubstantiel de l'identité Camerounaise que la lutte armée pour l'indépendance qu'ont menée nos aînés, dont nous sommes tous fiers aujourd'hui. Deux défis qui ont durablement forgé notre façon d'envisager le monde, et la perception que celui-ci a de nous. Et dont le souvenir doit nous aider à relever les nombreux défis politiques, sociaux, économiques, qui se présentent aujourd'hui devant nous, Camerounais, francophones et anglophones réunis.

Germinal : Si vous étiez président de la République, quelles sont les cinq priorités sur lesquelles vous focaliserez votre attention afin de satisfaire les attentes de vos compatriotes ?

M.H.Y. : Aujourd'hui, nous avons fait des 10 règles du Consensus de Washington, volontairement masqué sous le terme d'ÉMERGENCE, la finalité de notre développement économique. Or, ces règles ne sont que des moyens, dont l'efficacité n'est pas démontrée. Président de la République, je changerais de paradigme : la croissance économique ne serait plus posée en objectif en soi, elle serait, comme c'est les cas en Inde et au Rwanda, un moyen pour atteindre le BIEN-ÊTRE des populations, qui deviendrait l'objectif visé. Oublié le faux-semblant de l'Émergence, j'engagerais notre pays sur l'objectif du BIEN-ÊTRE, fixé sur l'horizon 2035. Plus endogène et territorialisée, cette stratégie de développement avant tout humain, axée sur le BIEN-ÊTRE se déclinera, et se mesurera en termes : de satisfaction des besoins essentiels au premier rang desquels l'éducation, la santé et la sécurité ; de développement des activités productives, notamment agricoles, d'accès au marché du travail pour la jeunesse, et pour les entrepreneurs d'accès au marché des capitaux, enfin, en termes de politique de la ville. Pour atteindre ces objectifs, mes cinq mesures prioritaires seraient les suivantes :

1) Réformer notre agencement institutionnel dans le sens d'une présidentialisation du régime, afin de mettre en place

un exécutif qui agit et qui rend compte. Au sommet de l'État, un président qui gouverne et non un président qui règne. Au plan législatif, un parlement plus resserré - plus représentatif démographiquement pour ce qui concerne l'Assemblée nationale - qui légifère et contrôle l'action gouvernementale. Afin de garantir une alternance démocratique réelle - et non plus virtuelle, la nouvelle constitution limitera la durée du mandat à sept ans, renouvelable une fois, pour une durée de 5 ans.

2) Moraliser la vie publique et lutter contre la corruption : le citoyen sera au coeur de ce processus de moralisation qui, avec la réforme de nos institutions évoquée au point précédent, constitue le préalable à l'instauration d'un système judiciaire probe et indépendant.

3) Changer notre modèle économique afin d'inscrire notre pays dans la mondialisation : a) Développement compétitif des services, de l'industrie, de l'agriculture, b) l'Intégration régionale vers l'Est, selon un axe port à port de Kribi/Douala à Mombassa au Kenya ; développement massif de notre environnement technologique ;

4) Responsabilité écologique : Le Cameroun ne se réduit pas à l'entité géographique, politique et historique dont nous avons hérité. C'est aussi prosaïquement sa terre ocre, ses arbres, sa faune, ses collines, ses montagnes, ses fleuves, ses rivages. De cela, nous n'en sommes que les dépositaires ayant pour responsabilité de la transmettre préservée aux générations qui suivront. Si nous échouons à protéger cet environnement auquel nous sommes attachés, et qui a forgé notre identité, d'autres s'en accapareront, l'exploiteront sans vergogne à des fins strictement commerciales. Avec la même vigueur que nos soldats déploient à défendre nos frontières, nous devons protéger, les forêts de Yokadouma, la savane de l'Adamaoua, les crevettes d'Edea, les éléphants de Waza, les chutes de la Menchum, les rivages de Kribi et de Limbé. Ce combat est une priorité. Non seulement il engage notre responsabilité écologique, mais il requerra des transformations de nos institutions et de notre économie qui seront salutaires pour le pays : une décentralisation véritable, une économie plus inclusive et endogène, une implication accrue de la société civile, une

plus grande efficience dans l'utilisation des ressources naturelles, et aussi, moins de corruption et plus de transparence dans l'attribution des marchés publics. En outre, ce combat nécessite de mettre la science et la technologie au coeur de notre projet de développement. Je souhaiterais qu'au terme de ma présidence, le Cameroun soit devenu en Afrique le pays des ingénieurs ou plus exactement des INGENIEUX, car il ne s'agit pas de créer une nouvelle technostructure peuplée d'ingénieurs, mais de diffuser dans la société l'esprit scientifique et d'innovation, en intégrant les exclus qui sont souvent les premiers a trouver à leurs problèmes des solutions personnalisées qui pourraient être étendues à grande échelle grâce à la technologie.

5) Identité camerounaise : Redonner à nos compatriotes le sentiment fort d'appartenir à une nation fière de son histoire, de sa culture, de ses traditions et de ses valeurs.

L'histoire du peuple camerounais est celle d'une marche vers une émancipation pleine et entière. Le temps est venu pour nous de reprendre avec une ferme détermination et une confiance forte en nous-mêmes, en notre destinée commune en tant que Nation, notre marche vers la liberté, la justice et le bien-être partagé.

Propos recueillis par Jean-Bosco Talla et Jean Baptiste Sipa

CORRESPONDANCE ADRESSÉE AU PRÉSIDENT PAUL BIYA LE 20 DÉCEMBRE 2017 APRÈS UN DEUXIÈME DÉCÈS CONSÉCUTIF A CE QUI AVAIT ÉTÉ APPELÉ «LA CRISE ANGLOPHONE», POUR LUI SUGGÉRER DES PISTES DE SOLUTIONS

Cette correspondance fait suite à une nouvelle escalade de la crise anglophone, marquée par un deuxième décès. Marafa y renouvelle ses mises en garde : **chaque retard dans le dialogue aggrave la fracture nationale**. Il appelle à sortir du déni, à nommer la réalité, à écouter les régions concernées et à engager un processus de sortie de crise fondé sur la justice et la reconnaissance mutuelle. **Ce texte prolonge les alertes formulées dès 2016 : il montre la constance de la parole, et la surdité du pouvoir.**

Monsieur le Président de la République,

Votre sollicitude à l'occasion du décès de Jeannette, mon épouse, a été pour moi une source réelle de réconfort, et je vous en remercie sincèrement.

La visite du Secrétaire d'État à la Défense et du Général Elokobi, venus officiellement me transmettre vos condoléances, m'a paru la marque d'une appréciation favorable du travail que j'ai pu effectuer sous votre autorité au service de notre pays, notamment pendant les périodes de crise.

Aussi, devant la gravité de la question anglophone, qui se pose à vous dans des termes d'une acuité croissante, et sans précédent dans l'histoire du Cameroun, permettez-moi de me prévaloir de votre confiance passée pour soumettre à votre attention les réflexions ci-dessous.

A - La quête de reconnaissance identitaire parmi les populations des régions du Nord-Ouest et du Sud-Ouest, est aussi universelle qu'irrépressible :

1- Des revendications de reconnaissance identitaire dont les racines historiques trouvent un écho au niveau international et entraînent l'adhésion des populations concernées.

a) Cette volonté de reconnaissance est ancrée dans les esprits depuis le référendum de 1961, et s'est notamment manifestée à l'intérieur par des contestations en 1972 lors du Congrès de l'UNC actant la réunification, et à l'extérieur, en 1994 par les initiatives diplomatiques de MM. Foncha et Muna à l'ONU pour réclamer l'indépendance du Southern Cameroons.

b) Elle s'inscrit dans une mondialisation qui engendre une uniformisation et une interdépendance toujours plus fortes, et qui va de pair avec une fragmentation qui pousse à l'affirmation des «identités primaires» au sein d'ensembles nationaux, comme en Ecosse ou en Catalogne.

c) Ces revendications identitaires sont d'autant plus entendues qu'elles sont promues sur des bases linguistiques et culturelles et non ethniques ou religieuses.

2- Une rébellion multiforme que renforce la répression armée.

Les mesures de répression n'ont pas ramené l'ordre, mais ont exacerbé le sentiment d'injustice et d'inégalité des populations du Nord-Ouest et du Sud-Ouest, légitimant les revendications identitaires des leaders des mouvements anglophones et nourrissant les dérives violentes.

L'escalade de la violence peut déborder la région anglophone. En effet, le conflit qui à l'origine, en octobre 2016, portait sur des revendications corporatistes vis-à-vis de l'Etat central est en passe de devenir un conflit anglophones/francophones. Dans la dérive actuelle, l'on peut craindre des attentats en région francophone.

B - Ni le fédéralisme ni la décentralisation ne peuvent constituer une solution durable.

1- Solution fédérale, une fausse bonne idée :

a) Les anglophones sont divisés entre les partisans d'un fédéralisme à 2, 4, 6 ou 10 états ;

b) Les francophones, dans leur très grande majorité, sont hostiles à toute solution fédérale ;

c) Elle constituerait un retour paresseux en arrière, et un contresens historique. En 1961 le fédéralisme traduisait la volonté du Southern Cameroons de transférer certaines de ses compétences à la République Fédérale ; aujourd'hui sa revendication est inverse.

2- La décentralisation, une réponse inadaptée :

a) Elle suppose un cadre juridique unique et une application uniforme sur l'ensemble du territoire national ;

b) Elle ne répondra pas au particularisme des régions anglophones lequel repose, non seulement sur la langue, mais sur la préexistence, avant la réunification, d'un système d'administration et des règles de droit distincts.

C - Un chemin à explorer : le régime de dévolution territoriale.

Le centralisme excessif pénalise toutes les régions du Cameroun, mais il appelle des solutions différentes en régions francophone et anglophone :

1- Dévolution de pouvoir pour les régions anglophones : des pouvoirs sont dévolus à un parlement et à un exécutif local. Cette dévolution pourrait progressivement couvrir les domaines suivants : éducation et formation, justice et police, santé et services sociaux, agriculture, forêts et pêches, environnement, tourisme et culture, développement économique et transports. (cf Canada, Royaume-Uni)

2- Décentralisation pour les régions francophones : il s'agit d'accélérer, tout en l'approfondissant et en le perfectionnant, notre dispositif de décentralisation, qui se caractérise actuellement par un transfert insuffisant des ressources financières, très loin des 9% du budget de l'État que le ministère de l'Administration territoriale et de la Décentralisation proposait en 2009.

D - Stratégie de sortie de crise : rétablir le dialogue autour de la possibilité de mise en place d'un système de dévolution.

1- Rétablir au préalable la confiance. La confiance ne peut s'articuler qu'autour de la parole solennelle du Chef de l'État, à l'occasion d'un discours sur la question anglophone. Les éléments de langage pour le discours présidentiel seraient:

a) Aucune question n'est taboue dans notre démocratie, le délit d'opinion n'a pas de place ;

b) Mais force doit rester à la loi, car les anglophones pacifiques sont les premières victimes des désordres ;

c) Le particularisme anglophone doit être reconnu et consacré par une loi ;

d) Le dernier mot doit appartenir au peuple : lors des prochaines élections, tous les candidats devront prendre position sur ces questions.

2- Mesures immédiates de libération des prisonniers anglophones non-responsables de crimes de sang.

3- Annoncer un dialogue autour d'une dévolution de pouvoir sur les modèles Canadien et Anglais afin de répondre aux préoccupations et inquiétudes des anglophones. Appel aux élites anglophones expatriées à se joindre à ce dialogue

4- Annoncer des mesures en vue d'accélérer et d'approfondir le processus de décentralisation pour l'ensemble des régions francophones. La mesure phare : décision de transférer en deux ans, 15% des ressources financières au profit des régions.

Monsieur le Président de la République,

La crise anglophone n'est pas une épreuve de force. C'est une épreuve de foi dans notre destin, en tant que Nation, de faire vivre ensemble dans la paix, la sécurité, la justice et la prospérité, tous les Camerounais sans distinction de culture, d'ethnie, de religion ou de langue.

Je prie Dieu qu'il vous prête force et sagesse pour prendre les mesures à la hauteur de cette situation. Elles marqueront votre place dans l'histoire de notre pays.

A ces prières, permettez-moi, Monsieur le Président de la République, de joindre tous les vœux de bonheur, qu'à l'occasion de la nouvelle année, je forme pour vous et pour votre famille.

FAIRE DE 2018 UNE ANNÉE UTILE POUR LE CAMEROUN

Tribune publiée le 18 janvier 2018 dans la presse nationale.

Ce texte constitue sans doute **l'un des manifestes les plus structurés et les plus prospectifs écrits depuis la prison**. Marafa y identifie quatre urgences nationales : refonder l'unité, réformer les institutions, transformer le modèle économique et restaurer le rang du Cameroun dans le concert des nations. Il ne s'agit pas d'une candidature, mais d'une vision : celle d'un homme d'État soucieux de transmettre un cap, même privé de parole publique. **À l'approche de la présidentielle de 2025, cette tribune demeure d'une actualité saisissante.**

Chers compatriotes, l'année 2018 débute, où vous aurez à faire un choix capital pour l'avenir de notre pays. En effet, lors des élections présidentielles, législatives et municipales, vous serez le pilote qui peut, soit laisser aller le navire à sa dérive actuelle, soit au contraire l'en sortir pour le diriger sur le bon cap.

Certains considèrent ces échéances comme un mal nécessaire, voire une menace. Je vous invite au contraire à y voir une chance. La chance de faire de 2018 une année utile pour le Cameroun. Une année utile, enfin, après des décennies d'immobilisme et de renoncements. Il ne s'agira pas de régler ses comptes avec le pouvoir en place, ou au contraire, d'écarter systématiquement toute alternance démocratique. Ce serait une nouvelle occasion manquée pour notre pays.

Certains veulent m'écarter du débat politique. Depuis six ans, malgré les obstacles, les menaces et les épreuves de la vie, j'ai réfléchi constamment, jour après jour, à l'avenir du Cameroun. Par mes lettres ouvertes et mes tribunes, j'ai partagé avec vous, chers compatriotes, mes analyses, et je vous ai soumis des propositions concrètes sur les problèmes du moment ou de l'avenir.

A l'approche des échéances électorales de 2018, que diriez-vous si je me taisais? Vous penseriez que je manque de courage, que je privilégie peut-être ma libération au prix de mon silence, dans un marchandage secret avec le pouvoir. Au regard de l'expérience que j'ai acquise au service de notre pays, et de ce que je lui dois, j'estime de mon devoir d'apporter ma contribution à vos réflexions afin que vous puissiez faire en 2018, le choix utile pour le Cameroun.

C'est ce que j'entends faire dans cette tribune, qui s'adresse à vous avec modération, hors des polémiques, des clivages partisans et des querelles de personnes.

Comment faire de 2018 une année utile pour le Cameroun ? Au moment de tirer le bilan du septennat qui s'achève, il nous faut regarder la réalité de notre pays en face. Cette réalité nous dit quatre vérités : il nous faut reconstruire notre unité nationale ; il nous faut réformer nos institutions pour que le Cameroun puisse être gouverné efficacement ; il nous faut changer de modèle économique pour créer des emplois et lutter contre la pauvreté ; enfin, il nous faut rétablir le leadership international du Cameroun.

Ce sont ces quatre vérités que je souhaite explorer avec vous.

(I) La première est qu'il nous faut reconstruire notre unité nationale.

Ce n'est pas un appel incantatoire à l'unité que je lance ici, encore moins une invitation à vous ranger, tous comme un seul homme, derrière quiconque ; je laisse cela à d'autres. Ce que je veux, c'est rappeler, particulièrement aux plus jeunes, pourquoi l'unité est littéralement vitale pour le Cameroun, et comment, alors qu'elle est menacée, nous pouvons ensemble la consolider.

Pourquoi notre unité est-elle vitale ? Parce que c'est la seule réponse que les Camerounais peuvent apporter à la pluralité singulière de leur pays. Pluralité qui se reflète tant au plan physique que sociolinguistique et historique. Seul le Cameroun, sur notre continent, incarne à la fois l'Afrique des plaines et des plateaux, l'Afrique des forêts et des savanes, l'Afrique des chrétiens et des musulmans, l'Afrique anglophone et francophone.

Être camerounais, c'est vouloir vivre libre, c'est-à-dire à l'abri de l'injustice, d'où qu'elle vienne, dans une nation riche de ses sociétés plurielles, et qui protège ses milieux naturels et ses paysages. A ceux qui voient dans cette diversité les germes d'une fragilité, répondons, comme nos aînés, que notre pluralité, nos différences, qu'elles soient ethniques, religieuses ou linguistiques, ne constituent nullement un terreau propice aux crises, mais, plutôt, des pierres d'angle pour construire notre Nation.

Aujourd'hui, notre unité nationale est menacée. Certains de nos compatriotes sont tentés par un repli identitaire ou communautaire. Cette tentation se nourrit essentiellement d'un sentiment : le sentiment d'injustice. La crise anglophone, qui persiste et s'aggrave, en est l'illustration dramatique.

Malgré l'état d'urgence, malgré les mesures prises par le Chef de l'État pour répondre aux revendications de nos compatriotes anglophones, les régions du Sud-Ouest et du Nord-Ouest vivent dans une situation de quasi rébellion. Les morts s'accumulent parmi les populations civiles, et parmi les représentants de nos forces de l'ordre. Je veux dire ici ma profonde sympathie aux familles endeuillées. La Nation devra se souvenir de ces fils et de ces filles perdues dans ce conflit fratricide. Elle devra se souvenir de ces enfants morts pour le Cameroun, ou pour l'idée qu'ils s'en faisaient.

Aujourd'hui, sans oublier les souffrances d'hier ni celles du moment, nous devons rechercher le chemin vers la paix, et l'unité. Quand bien même nos valeureuses forces armées parviendraient à restaurer le calme, pensez-vous que nous pourrions continuer comme avant ? Le bon sens nous dit que si la même politique était appliquée, elle ne ferait que creuser des cicatrices profondes, qui, mélangées à un passé mal vécu, à des considérations économiques à court termes et une vision d'un futur idéalisé, ne ferait qu'accroître le nombre des séparatistes.

Alors, que faire ? Mes chers compatriotes, c'est à vous, par votre vote, qu'il appartiendra, cette année, de décider. Les candidats qui se présenteront à vos suffrages devront vous dire clairement leurs propositions sur la question anglophone. La gravité de la crise que traverse notre pays appelle autre chose que les déplorations véhémentes des uns et les vagues promesses des autres.

Pour ma part, je voudrais partager avec vous trois convictions sur la question anglophone :

La première est que le particularisme anglophone est une réalité vivante et durable, que le Cameroun doit reconnaître dans sa loi organique. En effet, tous nos compatriotes originaires des régions du Sud-Ouest et du Nord-Ouest aspirent, chacun au fond de son cœur, à une certaine reconnaissance de ce particularisme, qui ne s'appuie ni sur des affinités ethno-religieuses, ni sur un découpage administratif arbitraire, mais sur une culture forgée par une histoire et une langue qui les distinguent. Reconnaître par la loi ce particularisme, ce n'est pas affaiblir notre pacte social. Au contraire, comme le sable qu'on ajoute au ciment permet d'obtenir un mortier plus dur, c'est l'enrichir et le solidifier.

Ma deuxième conviction, c'est que pour reconnaître ce particularisme dans notre loi, ni le fédéralisme, ni la décentralisation ne seraient efficaces. L'un serait un retour paresseux en arrière, l'autre, la décentralisation, est un dispositif d'efficacité administrative qui s'applique uniformément à toutes les régions. Une autre voie mérite d'être étudiée, c'est celle d'une dévolution de certains pouvoirs de l'État à un Parlement et un exécutif représentatif de ces deux régions. Les pouvoirs ainsi transférés à ces instances s'appliqueraient dans un premier temps aux domaines de l'éducation et de la formation, de la santé et des services sociaux, de la justice. Par la suite, ces pouvoirs pourraient être élargis à d'autres compétences.

Ma troisième conviction est que, nous devons enrayer le décrochage économique dont souffre la zone anglophone vis-à-vis de la zone francophone. Ce décrochage est réel. Et les causes en sont bien connues : rapportées au nombre d'habitants, les sommes allouées par l'État aux régions anglophones sont deux fois moindres que dans les régions francophones. Ce décalage, qui nourrit le sentiment d'injustice, doit être corrigé par un rééquilibrage, dans la loi de finances, des sommes allouées aux différentes régions du pays, en prenant en compte leur poids démographique.

Mes chers compatriotes, comme vous pouvez le constater, la justice, la confiance, et la responsabilité sont les valeurs centrales sur lesquelles s'appuie ma réponse à la question anglophone. Ce sont les valeurs sur lesquelles nous pourrons reconstruire notre unité.

Mais, me direz-vous, pourquoi ne pas étendre la dévolution à d'autres régions qui subissent elles aussi les effets néfastes de notre centralisme ? L'unité ne signifie pas l'uniformité, mais la cohérence et la cohésion. La culture politique des régions francophones reflète le mode de gouvernance centralisé hérité de la période coloniale. La décentralisation visait à en atténuer les effets négatifs, mais ce processus est aujourd'hui en panne, comme le chef de l'état l'a reconnu dans son récent discours à la Nation. Il est urgent de le relancer. Pour cela, je vous proposerai, dans les semaines à venir, un nouveau mécanisme de relance de la décentralisation, qui s'appuiera lui aussi sur les valeurs de justice, de confiance et de responsabilité.

(II) J'en viens maintenant au deuxième grand axe de mes préconisations pour le pays : il faut que le Cameroun puisse être gouverné. Le gouvernement actuel semble frappé d'immobilisme. Comme moi, vous constatez chaque jour que les paroles du chef de l'État se transforment rarement en actes. Comme moi, vous voudriez lui demander :

Qu'est devenu le programme de réhabilitation et de construction des forages d'eau potable pour l'Extrême-Nord, que vous aviez promis en octobre 2011, à Maroua, lors de la campagne présidentielle ? Les populations locales l'attendent toujours !

Où sont les tracteurs et les voitures dont vous annonciez l'assemblage au Cameroun ?

Pourquoi le port en eau profonde de Kribi, qui devait être livré, entièrement équipé et opérationnel en juin 2014, n'a-t-il toujours pas démarré ses activités ?

Pourquoi les travaux sur l'autoroute Douala-Yaoundé, que nous attendons depuis 20 ans, sont-ils interrompus ? Pourquoi seuls 20 km ont été réalisés, après quatre années de travaux ?

Pourquoi le Conseil Constitutionnel prévu par la Constitution de 1996 n'a-t-il pas été créé, alors que devant la Nation, le 31 décembre 2012, vous vous engagiez à le faire après les élections sénatoriales de 2013 ?

Pourquoi tous ces retards, pourquoi toutes ces infrastructures sur ou sous dimensionnées, pourquoi ces grandes réalisations déjà obsolètes avant leur mise en service ?

Vos questions seraient d'autant plus légitimes que le Chef de l'État lui-même, année après année, lors de ses vœux à la Nation, déplore cet immobilisme.

Peut-on continuer ainsi ? Assurément, non. Certains parmi vous pensent qu'il suffirait de changer de président pour que tout aille mieux. Pour d'autres, c'est l'entourage de celui-ci qui est en cause. D'autres encore attendent le sempiternel remaniement supposé relancer la machine. Hélas, trois fois hélas, toutes ces solutions sont vaines.

En effet, ce ne sont pas seulement le capitaine et l'équipage qui sont en cause, mais le moteur lui-même, c'est à dire notre agencement institutionnel. Il a été conçu, il y a 60 ans, pour un pays de moins de 3 millions d'habitants, faiblement alphabétisé, dans le monde fermé de la guerre froide.

Pour répondre aux impératifs de dynamisme, de flexibilité et de compétitivité du monde dans lequel nous vivons, le Cameroun doit avoir un exécutif efficace. Pour cela, nous devons réformer notre constitution. Cette réforme, je propose de l'articuler sur deux principes : la responsabilité et l'alternance.

Le premier principe est de bon sens. Il ne doit pas exister de pouvoir sans responsabilité. Ceux qui gouvernent doivent être comptables de leurs actes devant vous. Or ce n'est pas le cas aujourd'hui au Cameroun. L'immobilisme qui paralyse le pays, qui en est responsable ? Le Président, le gouvernement, le parlement ou l'administration ? Nul ne sait, nul n'est jamais sanctionné.

Pour dégager sa responsabilité vis-à-vis de l'opinion, l'exécutif se décharge sur les juges, et leur jette en pâture des responsables, souvent choisis sur des critères strictement politiques. Or, la situation du Cameroun, 10 ans après le début de l'opération Épervier, prouve qu'une réponse judiciaire aux problèmes essentiellement politiques de la gouvernance est inefficace.

Le deuxième principe, celui de l'alternance, relève-lui aussi du bon sens. Nos sociétés modernes changent et se complexifient à une telle vitesse que nul ne peut plus prétendre pouvoir diriger son pays, pour le bien de tous, durant des décennies. Songez qu'il y a deux septennats de cela, nous étions 6 millions de camerounais en moins, et songez qu'Internet en était chez nous à ses balbutiements !

L'alternance, qui renouvelle les idées et les hommes, est en outre le meilleur moyen de lutter contre la clanisation, dont vous connaissez les ressorts : on s'entoure de proches, qui eux-mêmes se reposent sur des proches. Lorsqu'au sommet de l'État l'absence d'alternance atteint le point culminant du clan, la bonne gouvernance devient impossible. Le clanisme est la porte ouverte à toutes les combinaisons, à tous les arrangements, au détriment d'une bonne gestion des biens publics, au détriment du peuple, à votre détriment.

C'est à vous, chers compatriotes, d'apprécier si oui ou non ce point culminant de la clanisation du pouvoir a été atteint dans notre pays. La question que vous devez vous poser en 2018, et poser aussi à tous les candidats est celle-ci : peut-on espérer moraliser la vie publique et lutter contre la corruption sans mettre au coeur de notre constitution ces deux principes de responsabilité et d'alternance ?

À mon avis, non. Il est urgent de renoncer à ce régime semi-présidentiel, dans lequel la responsabilité de diriger le gouvernement se dissout, se dilue entre le président et le Premier ministre. La constitution dont le Cameroun a besoin doit placer au sommet de l'État un président responsable, qui dirige lui-même ses ministres. Cela, sans Premier ministre. Un président qui gouverne et non un président qui règne. Au plan législatif, un parlement plus resserré, plus représentatif de notre réalité démographique - et, qui contrôle effectivement l'action gouvernementale.

Par ailleurs, cette nouvelle constitution devra garantir une alternance démocratique réelle - et non plus virtuelle ! À cet égard, je propose de limiter la durée du mandat présidentiel à sept ans, renouvelable une fois, pour une durée de 5 ans.

Cette réforme institutionnelle est indispensable à l'instauration d'un système judiciaire probe, indépendant. Elle mettra fin aux pratiques judiciaires actuelles qui participent de manière significative à la perte de légitimité de l'État, et qui font obstacles aux réformes économiques dont notre pays a besoin.

(III) En effet, créer des emplois, lutter contre la pauvreté nécessite, et c'est le troisième point sur lequel je veux insister aujourd'hui, de changer notre modèle économique.

Regardons la réalité en face : notre modèle économie fabrique des chômeurs parce que nous manquons de compétitivité et que nous nous endettons pour financer des projets sans utilité économique.

La pauvreté ne cesse d'augmenter, et touche, selon la Banque Mondiale, plus de 8 millions de camerounais.

Le taux de chômage chez les jeunes dépasse les 50 %,

Enfin, notre dette s'envole. Le FMI vient de la classer en risque élevé, ce qui signifie qu'elle a financé des investissements improductifs. Je suis le seul responsable politique à avoir déploré publiquement, les 800 milliards CFA engloutis pour organiser la CAN. Ils rentrent dans cette catégorie d'investissements stériles, au même titre que toutes ces grandes réalisations déjà obsolètes avant même d'être opérationnelles.

N'est-il pas temps de changer de cap ?

Notre économie ne se redressera pas d'un coup de baguette magique. Être pour ou contre Biya ne suffit pas à constituer un programme.

La nouvelle économie mondiale est globale, compétitive, ultra-technologique, et soucieuse d'environnement.

Chers Compatriotes, adapter notre économie à cette nouvelle donne, ce que je propose, requerra un effort important. Il est prioritaire d'investir dans trois domaines en particulier : les infrastructures, l'innovation et l'éducation. Nous avons besoin de routes et de chemins de fer plus rapides et plus fiables pour transporter les hommes et les marchandises, nous avons besoin d'un réseau Internet haut débit pour transporter les informations ; nous avons besoin d'une recherche scientifique ambitieuse pour profiter des immenses opportunités économiques offertes par les nouvelles technologies ; nous avons besoin de mieux former nos jeunes, et pour cela de mieux former nos professeurs, afin que les travailleurs camerounais soient capables d'occuper les emplois de demain.

Si nous faisons cet effort, le Cameroun deviendra compétitif : nous irons reprendre nos emplois dans ces pays qui nous vendent des biens manufacturés ou des produits alimentaires que nous pourrions fabriquer ou produire nous-mêmes.

Je pense à ces fameux ordinateurs, importés à prix d'or et offerts aux étudiants de la part du Président. D'autres pays comme la Côte d'Ivoire et l'Éthiopie ont choisi de les fabriquer eux-mêmes pour créer des emplois chez eux. Pourquoi pas nous ?

Je pense aux 700 000 tonnes de riz que nous importons chaque année, et que nous pouvons produire.

Si le Cameroun devient compétitif : nous irons reprendre nos emplois dans les pays qui exportent chez nos voisins ce que le Cameroun pourrait leur vendre.

Le Nigéria est un débouché naturel pour certains de nos produits alimentaires ou d'élevage. Aidons nos entrepreneurs à y prendre pied, comme notre puissant voisin aide ses grands groupes nationaux à se déployer chez nous.

À l'Est, les conflits en RCA et au Sud-Soudan ne doivent pas nous masquer le fait que ces pays sont potentiellement riches, et seront à reconstruire. Ils sont situés, comme le Cameroun, sur l'axe Asie - Afrique - Amérique, le long duquel se reconfigure le commerce mondial. Ce seront des clients pour nos services notamment bancaires, portuaires, logistiques, médicaux, mais aussi de télécommunications ou de travaux publics.

Si, le Cameroun devient compétitif, nous irons reprendre nos emplois dans les pays vers lesquels les investisseurs se tournent, car ils les jugent plus attractifs que le Cameroun.

Notre pays se classe parmi les derniers rangs par rapport à la facilité d'y entreprendre des affaires. La corruption, l'insécurité juridique, et le manque d'infrastructures le pénalisent.

Si nous faisons les réformes institutionnelles que je vous ai soumises, nous regagneront rapidement un meilleur classement, car elles se traduiront par un assainissement du système judiciaire.

Quant aux infrastructures, ceux qui ont pris la décision de priver d'internet près de 5 millions de nos compatriotes, pendant trois mois, n'ont pas compris le monde dans lequel nous vivons. Les technologies de l'information et de la communication créent de la valeur ajoutée, c'est-à-dire du travail et de la richesse. Nous devons rapidement accroître la qualité de nos réseaux téléphoniques et la vitesse de connexion Internet, cela en abaissant sensiblement les prix de ces services.

La compétition pour le travail se joue à l'échelle mondiale. Mettre la science au cœur de notre système d'éducation pour nous lancer à la conquête de ce monde nouveau, c'est un défi à notre portée. Il ne tient qu'à nous de le relever. A cet égard, apprenons à regarder nos enseignants comme des bâtisseurs de la Nation, et donnons-leur la même considération que nos soldats qui en sont les défenseurs.

Mais, Notre développement économique ne doit pas se faire au détriment de notre environnement. Aujourd'hui, nos forêts sont pillées. Nos mines sont souvent confiées à des entreprises au mieux inexpérimentées, au pire criminelles, ou laissées entre les mains d'exploitants clandestins qui polluent les cours d'eau au détriment de la santé des populations.

Sur le littoral, la mangrove disparait. L'extrême-Nord se désertifie à vue d'oeil. La sécheresse y tue en silence, et contraint des villages entiers à la migration vers d'autres régions du pays.

Le Cameroun doit assumer sa responsabilité écologique : Je propose la création urgente d'un organisme parapublic qui, dans tout projet économique touchant nos ressources minières, forestières ou fauniques, veillera à la prise en compte de l'accompagnement social des communautés, de la durabilité environnementale et de l'aménagement territorial.

(IV), C'est au prix de tous ces efforts que notre pays pourra retrouver son leadership international.

Le Cameroun est devenu un pays faible : assisté sur le plan économique, assisté sur le plan militaire, et sans influence sur la plupart des grands leaders internationaux, qui, pour certains, jugent nos représentants infréquentables.

Qu'il s'agisse du nombre et de la qualité des personnalités d'envergure qui visitent notre pays, ou avec lesquels notre chef de l'État dialogue ; qu'il s'agisse de la participation de notre pays aux réflexions internationales sur les grands sujets mondiaux, africains ou même régionaux ; ou encore du poids de notre pays dans les règlements des conflits qui se multiplient à nos frontières, à tous les égards, l'influence du Cameroun au plan international s'affaiblit chaque jour un peu plus.

Il est urgent de rétablir notre rang. Pour être considéré et respecté, le Cameroun doit démontrer qu'il est assez fort pour se réformer démocratiquement. Sa sécurité et son indépendance doivent être garantie par une armée forte. Elle n'est pas au service du président, du gouvernement, ou du parlement, mais exclusivement au service de la Nation. Réaffirmons notre soutien à nos soldats qui se battent pour notre Nation, et soutenons leurs familles.

Au moment de faire votre choix en 2018, pensez au leadership du Cameroun comme si c'était celui de votre famille, et demandez-vous quel programme, quel candidat sera le mieux en mesure de le restaurer.

Mes chers compatriotes, je vous ai parlé d'un choix utile pour le Cameroun. Je l'ai fait avec gravité et vérité. Je vais vous dire pourquoi. Au fond de moi, j'ai la certitude que nous formons un grand peuple, capable des plus grands accomplissements lorsqu'il se mobilise, mais qui peut, s'il se divise sombrer dans le chaos. C'est pourquoi, je suis certain qu'au moment de choisir, vous saurez surmonter vos préjugés, vos découragements, vos rancunes, pour faire de 2018 une année utile pour le Cameroun.

Avant de conclure, permettez-moi de dire quelques mots à nos compatriotes anglophones :

My fellow citizens,

The entire Nation has heard the voices which, since October 2016, have risen from the anglophone regions. She has recognised the echoes of the suffering endured by many Cameroonians across the country. In those voices she has also recognised the voices of our elders who fought, risking their lives, against the injustice of the colonial system to gain our independence and to build a nation where every person, regardless of language, creed or tribe will get a fair shake in life.

Being Cameronian should not be considered a historical fatality but should instead mean pursuing this ambition of a fair society. Each of us has the responsibility to keep our elders' ambition alive during the upcoming 2018 elections.

The candidates and political parties presenting themselves must tell us what they intent to do to get our country out of its stagnation. What is their response to the anglophone question ?

I can clearly see that the path you have led us to is one of justice and change, much needed by Cameroon. So it is time to act and to make 2018 a useful year for our country.

These elections should not just give our people a government that is more benevolent. They should give them a government that is more competent and efficient.

The world has changed since the eighties ! We live, study and do business in a digital era. Internet is not a jukebox or a Playstation you can turn off whenever you consider it too noisy ! In this hypercompetitive time, Cameroon cannot win the future with a government of the past.

In that vein, to address the anglophone question, I am proposing a reorganisation of our institutions, which provides, in particular, the devolution of power to a representative parliament and executive of the Northwest and Southwest regions.

My fellow citizens, this is not a time to give up on our Nation, it is a time to build Cameroon.

It is our spirit that will keep our Nation alive for generations to come.

Happy New Year, everyone.

À tous, bonne année, et soyons fiers d'être Camerounais.

LETTRE OUVERTE ADRESSÉE AUX NOUVEAUX ÉLUS ISSUS DES ÉLECTIONS LÉGISLATIVES DU 9 FÉVRIER 2020

Publiée le 21 février 2020 dans la presse nationale.

Quelques jours après les élections législatives, Marafa s'adresse directement aux nouveaux députés. Il les exhorte à ne pas devenir de simples exécutants d'un pouvoir central, mais à se faire les représentants véritables du peuple et les garants du bien commun. Il rappelle que **la légitimité ne découle pas uniquement des urnes, mais de l'exigence éthique, du courage politique** et du lien avec les citoyens. Ce texte est une invitation à refonder le mandat parlementaire dans un régime rongé par l'allégeance.

Mesdames et Messieurs les représentants de la Nation nouvellement élus,

Vous serez étonnés que je choisisse d'interrompre un silence de 2 ans pour m'adresser à vous, et non à l'ensemble de nos compatriotes, comme je l'ai toujours fait jusqu'ici.

Les élections législatives et municipales du 9 février 2020 dont vous tenez vos mandats ont été marquées par un taux de participation historiquement bas, sans doute de l'ordre de 30%.

Abstention ne veut pas dire apathie. Paradoxalement, la démarche de nombre des abstentionnistes a été active. Je pense notamment aux boycotts et aux tentatives de perturbation. Mais même la lassitude des électeurs, relevée par la mission d'observation de l'Union Africaine, doit être comprise non comme un signe de passivité mais comme un élan de protestation. Comme un déni actif de la légitimité des élections. Et donc de votre propre légitimité à représenter la Nation.

Rien d'étonnant à ce déni. Dans mon dernier message aux Camerounaises et aux Camerounais, je faisais le voeu que 2018 soit une « année utile ». Que leurs choix lors des élections présidentielles, législatives et municipales permettent de sélectionner les candidats et les partis les plus capables de nous extraire enfin de l'immobilisme, de faire progresser le pays sur 4 priorités : l'unité nationale, l'efficacité de l'action publique, la transformation de l'économie, la reconquête de notre leadership international.

Puis je me suis tu jusqu'à aujourd'hui. J'avais dit mon espoir, je devais attendre de voir s'il se réaliserait.

S'est-il réalisé ? L'abstention historique est la plus claire des réponses : non. Non, le vote de 2018 n'a pas été utile. Non, il n'y aucune raison de penser que celui de 2020 le sera.

Et quand voter devient inutile, la nation oppose à ses représentants son dédain, son froid silence.

Ce silence veut dire : vous ne nous représentez plus, les élections ne permettent ni de renouveler nos dirigeants, ni de leur donner suffisamment de pouvoir pour infléchir la marche du pays.

Alors, pourquoi m'adresser à vous, sur qui pèse ce silence ?

Parce que, malgré tout, vous avez un moyen de commencer à faire revivre cette confiance de la Nation dans sa représentation et ses institutions.

Ce moyen est très simple. Il ne demande aucun effort d'organisation, aucune concertation, aucun financement. D'autres pays africains ont su le mettre en oeuvre.

Il est déjà entre vos mains. Vous pouvez l'exercer demain. Quel est-il ?

Dire la vérité.

Dites-la sur les maux dont nous souffrons et sur les solutions qui s'imposent pour les résoudre. Dites-la sur les 4 priorités sur lesquelles j'insistais en 2018 et qui sont tout aussi cruciales aujourd'hui.

Dites la vérité sur le fait que l'unité est littéralement vitale pour le Cameroun mais que le pays est plus divisé que jamais. Division entre anglophones et francophones : le Grand Dialogue National de septembre et d'octobre 2019 avait acté que les régions du Nord-Ouest et du Sud-Ouest devaient bénéficier d'un statut administratif particulier. Annonce suivie d'aucun effet, au point que l'Union Africaine vient de faire de la résolution de la crise anglophone une de ses 8 priorités de 2020 pour l'Afrique toute entière -crise dont le massacre de Ngarbuh souligne l'insupportable aggravation. Division qui se creuse entre communautés, comme lors des émeutes d'Obala et Sangmélima.

Dites que dans cette Afrique en miniature, la reconnaissance des particularismes, religieux, communautaires, tribaux, linguistiques est une aspiration légitime. Que pour la réaliser il y a plusieurs voies nécessaires et inévitables, dont la dévolution des pouvoirs de l'Etat vers les 2 régions anglophones suivant le modèle canadien ou britannique, l'établissement d'une règle d'équité entre les régions dans la dépense et l'investissement publics.

Dites la vérité sur le fait que c'est le principe d'irresponsabilité qui gouverne l'action publique. Depuis des années, le pays contracte des dettes abyssales pour des projets qui ne servent à rien, comme les 1 000 milliards de FCFA dépensés dans le cadre de la CAN.

En parallèle, des projets d'une importance absolue sont l'objet de promesses répétées mais jamais tenues, comme les forages d'eau potable dans l'Extrême-Nord promis depuis 2011, le démarrage des activités du port de Kribi annoncé pour 2014, la réalisation des barrages de Lom-Pangar, Memvele et Mekin. La liaison ferroviaire de Camrail entre Douala et Yaoundé n'est toujours pas rétablie, des années après la catastrophe d'Eséka en octobre 2016. Rien n'est fait pour prévenir les catastrophes naturelles meurtrières qui se multiplient, comme avec l'éboulement de terrain à Bafoussam, avec la crise de l'eau potable et l'épidémie de choléra dans l'Extrême-Nord.

La compagnie aérienne nationale, dont l'Etat est le seul actionnaire, est si mal gérée qu'à notre honte à tous elle doit suspendre ses liaisons internationales. L'autoroute Douala-Yaoundé est promise depuis 10 ans mais la phase 1 n'est toujours pas achevée. Le Nord reste coupé du reste du pays, et dans le Nord même, pour aller de Ngaoundéré à Maroua, il faut 10 heures de route. Avec pour seule réponse, une action gouvernementale qui hésite entre privatisations et nationalisations -des ports, des services de l'électricité et de l'eau.

Dites que les erreurs sont acceptables mais que l'échec par incompétence obstinée, inertie, malhonnêteté doit être sanctionné.

Dites la vérité sur le fait que le taux de croissance de 3 ou 4% de notre PIB que vante notre gouvernement ne veut rien dire si, comme le souligne la Banque Africaine de Développement, notre croissance n'est pas inclusive et échoue à créer de l'emploi et à développer notre capital humain. Que le taux de chômage chez les jeunes est de plus de 50%. Que 8 millions de nos compatriotes, près de 40% de la population, vivent sous le seuil de pauvreté. Que nos forêts et nos ressources naturelles sont pillées de manière anarchique.

Qu'il est urgent de mettre en place un plan d'actions pour développer l'agriculture, l'industrie et les services. Que la lutte contre la sécheresse doit devenir une affaire d'État.

Dites la vérité sur le fait que le Cameroun, dont la stabilité et la prospérité sont cruciales pour l'Afrique Centrale et le Continent, pèse de moins en moins sur la scène internationale.

Que quand le pays apprend par la presse le remplacement du FCFA par l'ECO dans 8 pays d'Afrique, il l'apprendra de la même manière pour ce qui le concerne demain si rien n'est fait pour reconstruire un leadership régional, continental, international.

Dites la vérité, partout, sur tout.

Et puis ?

Et puis je pourrais vous inviter à aller plus loin. A accorder vos actes publics à vos convictions profondes. A vous battre pour faire adopter les bonnes mesures, les bonnes lois. A vous assurer par votre contrôle de l'action de l'Etat que ces mesures et ces lois soient suivies d'effet. A oeuvrer pour une politique de décentralisation effective, ancrée dans les réalités locales, assise sur la commune comme niveau d'exécution et de responsabilité. A combattre l'instrumentalisation de notre justice, qui prononce des condamnations politiques.

Mais je ne veux pas vous en demander plus que ce que peut un simple prisonnier depuis sa cellule.

Mais, alors que je vous demande de dire la vérité, ce serait mentir de prétendre que l'Etat vous laisse un pouvoir réel d'agir sur la destinée du pays.

Mais dire la vérité sera déjà un acte d'extrême courage, d'extrême intégrité et d'extrême valeur. L'acte qui va refonder le lien de confiance entre la Nation et sa représentation, entre la Nation et les institutions, entre la Nation et le politique.

Mais dire la vérité sera déjà un pas décisif vers l'émergence de la république que nous appelons tous de nos voeux : LA RÉPUBLIQUE SINCÈRE.

Le « froid silence » de 7 Camerounais sur 10 lors de ces élections ne vous décharge pas de votre responsabilité envers eux; il l'alourdit immensément.

Yaoundé, le 20 février 2020.

LETTRE OUVERTE POUR EXPRIMER MON INDIGNATION SUITE AU MASSACRE PERPÉTRÉ À KUMBA LE 24 OCTOBRE 2020

Publiée le 27 octobre 2020 dans la presse nationale.

Sept enfants sont abattus dans leur salle de classe à Kumba, en plein jour. Marafa exprime son indignation face à ce massacre, mais aussi face à l'aveuglement du pouvoir. Il replace cette tragédie dans une série macabre : Muyuka, Ngarbuh, Menka Pinyin… Il appelle à **sortir de la logique de la haine et du déni**, et à reconnaître la responsabilité collective dans la dégradation du lien national. Ce texte est un cri — retenu, mais ferme. Il demande que les morts soient nommés, que les larmes ne soient pas oubliées, et que **l'État retrouve son humanité.**

NGARBUH, MUYUKA, MENKA PINYING, MUNTENGUENE et maintenant KUMBA : terrible litanie de massacres, dont les plus innocents d'entre nous -civils, femmes, enfants- sont les premières victimes.

Mes premières pensées sont pour leurs familles et leurs proches, à qui j'adresse mes condoléances les plus sincères. Même si l'heure est au deuil, j'adresse également à ces communautés si tragiquement atteintes, et en particulier aux enseignants et aux écoliers, un message d'encouragement : gardez espoir. Vaille que vaille, il faut continuer à préparer l'avenir, un avenir dont l'horreur se sera retirée.

Au gouvernement, je dis c'en est assez. Vous devez non seulement mettre en œuvre tous les moyens nécessaires pour punir les coupables et protéger les populations, mais vous devez remettre la nation sur la voie du dialogue et de la réconciliation. C'est la méfiance généralisée, c'est l'esprit de division selon des lignes ethniques, religieuses, linguistiques, qui tue. Qui nous tue, car ces massacres que nous pleurons, ce sont des massacres de Camerounais par des Camerounais.

Au peuple, je dis : il est nécessaire d'en appeler au gouvernement et de le mettre face à ces responsabilités. Mais il est tout aussi nécessaire, et tout aussi urgent, de trouver en chacun de nous les ressources pour nous traiter les uns les autres en frères et en soeurs. Car c'est ce que nous sommes.

Le sang qui coule à KUMBA, c'est celui d'un énième fratricide.

INTERVIEW ACCORDÉE A L'HEBDOMADAIRE PANAFRICAIN JEUNE AFRIQUE

Publiée le 23 avril 2024.

Dans cet entretien, Marafa prend la parole à 71 ans, presque aveugle. Il décrit sans pathos son quotidien : douleurs, absence de soins adaptés, isolement, refus de visites familiales. Mais il parle surtout du Cameroun : institutions figées, absence de justice équitable, fatigue d'un régime sans respiration. **Il affirme qu'il a encore quelque chose à offrir au pays, malgré les murs**. C'est un acte de lucidité et de volonté politique, qui redonne sens à une parole longtemps étouffée.

Longtemps silencieux afin de ne pas froisser les autorités, espérant obtenir une évacuation sanitaire, l'ancien secrétaire général de la présidence du Cameroun a décidé de prendre la parole en exclusivité pour Jeune Afrique. Il estime avoir encore un rôle à jouer pour l'avenir de son pays.

Pendant plusieurs années, Marafa Hamidou Yaya a gardé le silence, notamment pour ne pas gêner les démarches entreprises par sa famille et ses amis afin d'obtenir son évacuation sanitaire. En effet, l'ancien secrétaire général de la présidence du Cameroun, âgé de 71 ans, a été atteint d'un glaucome qui lui a déjà fait perdre l'usage de l'oeil droit, tandis que la détérioration de sa vision de l'oeil gauche atteste de la progression de lésions du nerf optique, avec un risque quasi certain de cécité si rien n'est fait dans les meilleurs délais.

En dépit de l'intercession de plusieurs personnalités, dont

l'ancien chef de l'État français François Hollande, le président Paul Biya n'a toujours pas prêté attention aux demandes de son ancien collaborateur, condamné en 2012 à vingt-cinq ans de prison ferme pour « complicité intellectuelle de détournement d'argent public ». Marafa Hamidou Yaya prend donc la parole dans Jeune Afrique pour évoquer sa santé. Mais pas seulement.

Jeune Afrique : Pourquoi accepter de prendre la parole aujourd'hui?

Marafa Hamidou Yaya : La situation de mon pays, le Cameroun, est trop grave pour que je reste silencieux. Il est de mon devoir de m'exprimer, quitte à ce que mon régime d'incarcération, déjà extrêmement strict, soit durci après la publication de cette interview. Il est probable que ce durcissement affectera mes codétenus. J'espère qu'ils me le pardonneront.

Jeune Afrique : Quelles sont vos conditions de détention?

Marafa Hamidou Yaya : Je perds la vue. Tous les spécialistes recommandent une « opération de la dernière chance » pour m'éviter de devenir totalement aveugle. Comme cette opération n'est possible qu'à l'étranger, j'ai adressé au président de la République plusieurs demandes d'autorisation d'évacuation médicale. Elles sont restées sans réponse. Il en va de même des appels humanitaires qui lui ont été adressés par des personnalités nationales et étrangères de premier rang, auxquelles je veux dire ici toute ma gratitude. Le silence du président Biya a fait dire à une ancienne ambassadrice des États-Unis au Cameroun : « Je suppose que Paul Biya attend que Marafa devienne aveugle ! C'est franchement une punition digne du Moyen Âge. Pas de l'Afrique moderne. »

Si cette évacuation n'a pas lieu rapidement, le seul remède sera inévitablement à terme de me retirer les globes oculaires. En effet, je souffre de violents maux de tête de plus en plus fréquents à cause de la pression oculaire. Ce handicap rend mes conditions d'incarcération au secrétariat d'État à la Défense [SED] encore plus difficiles qu'auparavant. Je ne bénéficie ni d'assistance ni d'aménagements. Dans mes demandes d'évacuation sanitaire, j'ai sollicité un placement en résidence surveillée, ce qui me permettrait de recevoir une aide pour les gestes du quotidien. Comme je l'ai indiqué, tout cela est resté sans réponse.

Jeune Afrique : Avez-vous le sentiment d'être retenu en prison parce que vous représentez une force politique que certains souhaitent neutraliser ?

Marafa Hamidou Yaya : Sur les six condamnés dans ce dossier, combien sont aujourd'hui encore en prison ? Un seul, moi. Le dernier à avoir été libéré l'a été il y a quatre ans. Ceci alors que, contrairement à d'autres, j'ai été condamné pour une prétendue « complicité intellectuelle », sans le moindre signe de détournement ou d'enrichissement personnel. Mon maintien en détention et la torture que je subis, en particulier à travers le refus de soins, car il s'agit bien de torture en termes juridiques, ne peuvent donc avoir qu'un caractère politique. C'est pour cela que l'ONU demande ma libération immédiate depuis 2016, et que les États-Unis, avec d'autres pays, me placent sur leur liste de prisonniers politiques depuis de nombreuses années.

Mon cas n'est pas isolé. L'opération Épervier a donné lieu à des condamnations extrêmement lourdes, qui apparaissent aujourd'hui comme aléatoires, arbitraires, politiquement biaisées ou infondées. Sous ce régime, le recours à la torture est devenu systémique. Il en a fait une pratique d'État, dont a été victime en janvier 2014 Christiane Soppo, mon ancienne collaboratrice, assassinée à coups de machette. Dans une lettre ouverte de mars 2014, j'écrivais que « le martyre de Madame Soppo représent[ait] [...] l'émergence d'une justice parallèle, extrajudiciaire, aux mains de groupes d'individus qui, en fonction de leurs intérêts, prononcent des sentences de mort secrètes exécutées par des hommes de sac et de corde».

C'est une pratique d'État dont a été victime en janvier 2023 votre confrère, le courageux journaliste Martinez Zogo, mort sous les sévices atroces de membres des services de renseignement. Ces déchaînements de violence ne sont pas des épisodes isolés mais s'inscrivent dans un système stable et institutionnalisé. Cette violence extrême n'est pas que délibérée. Elle est mise en scène, transformée en spectacle. Il était très facile pour ses tortionnaires de faire disparaître le corps de Martinez Zogo. Ils ont fait en sorte qu'il soit retrouvé. C'est la même logique, bien sûr poussée beaucoup moins loin, qui explique le caractère public de l'acharnement que je subis. Le message à nos compatriotes est clair. Si le pouvoir vous perçoit comme une menace, vous le paierez de votre liberté ou de votre vie.

Lorsque j'étais enfant, notre hymne national, changé depuis, célébrait la sortie du Cameroun de la « barbarie » et de la « sauvagerie » passées. Bien sûr, dans le contexte colonial, c'était une référence à la prétendue arriération de notre peuple. Mais aujourd'hui, pour de bon, le régime nous plonge dans une barbarie et une sauvagerie véritables, maniées avec calcul comme des vecteurs d'oppression.

Jeune Afrique : S'il vous était donné de revenir en arrière, auriez-vous accordé votre confiance en la justice camerounaise ?

Marafa Hamidou Yaya : Je m'attendais à mon arrestation. De hauts responsables du régime m'avaient suggéré de m'exiler. Mais j'ai suivi mon coeur. J'ai choisi de me présenter devant la justice de mon pays. Mes compatriotes n'auraient pas compris que je ne le fasse pas. On ne peut pas exercer des responsabilités publiques, en tout cas avec la conviction sincère et le sens du devoir qui m'ont toujours animés, et choisir la fuite. Ai-je eu tort ? Si les sacrifices ont été nombreux et pénibles, ma plus grande douleur est de n'avoir pas pu assister Jeannette, ma femme, dans les derniers temps de sa maladie, dont elle est morte en 2017 en France. J'en avais demandé l'autorisation. Elle m'a été refusée.

Jeune Afrique : Avez-vous le sentiment d'avoir été trahi par le président Paul Biya ?

Marafa Hamidou Yaya : Non, pas personnellement, car nous n'avions aucun pacte. Il ne m'avait jamais assuré de son appui ou de son amitié, et je ne lui avais jamais demandé de le faire. Je reste honoré des importantes responsabilités qu'il m'a confiées, car elles m'ont permis d'oeuvrer au bien du pays, à ma mesure et malgré les nombreuses résistances auxquelles j'ai fait face. Si trahison il y a, ce n'est pas vis-à-vis de moi, mais envers notre Constitution, qui fait du président de la République le garant de l'indépendance de la justice. Or, ainsi que l'illustrent mon cas personnel et de multiples scandales récents, la justice est instrumentalisée au vu et au su de tous. Le peuple camerounais est le témoin désabusé et inquiet de cette dérive. Je pense au philosophe Pascal : ne pouvant fortifier la justice, le président a justifié la force.

Jeune Afrique : Avez-vous toujours foi en l'avenir du Cameroun ?

Marafa Hamidou Yaya : Comme tous mes compatriotes, je suis très inquiet du déclassement progressif du pays. Depuis des années, le pouvoir compromet notre avenir commun de deux manières : en ne faisant pas les bons choix, et en faisant les pires choix à leur place. Les bons choix, ce serait d'investir dans les infrastructures de transport et d'énergie efficaces, de construire des écoles et des hôpitaux, de diversifier l'économie. Les mauvais choix, ce sont ces infrastructures obsolètes avant d'être achevées, c'est de construire à prix d'or de nouveaux stades de football, des hôtels qui restent vides, jusqu'à importer du gazon pour la Coupe d'Afrique.

Entendons-nous : en bon Camerounais, je suis passionné de football et j'ai vu l'accueil de la Coupe d'Afrique des nations comme une magnifique fête collective. Mais dépenser 1 500 milliards pour un événement de quelques semaines, le pays ne peut pas se le permettre. Dans un contexte où les professeurs sont en grève faute d'être payés et où les femmes accouchent à la porte des hôpitaux, c'est une décision catastrophique. La fête aurait pu avoir lieu pour un coût très inférieur si le « bon choix » avait été fait : organiser, comme je le proposais dans une lettre ouverte en 2015, la CAN en coopération avec nos voisins, le Nigeria et le Tchad.

Jeune Afrique : Quelles sont les conséquences de ces « mauvais choix » ?

Marafa Hamidou Yaya : Le résultat, c'est que si l'on se compare avec la Côte d'Ivoire, nous sommes en chute libre. Entre 2011 et 2022, l'écart de PIB entre les deux pays s'est creusé de près de 20 milliards de dollars en défaveur du Cameroun. Aujourd'hui, le pouvoir d'achat moyen des Ivoiriens est supérieur de 40 % à celui des Camerounais. Ce qui rend le marasme d'autant plus insupportable, c'est bien qu'il correspond à une chute, à une régression. Récemment, face à un auditoire de citoyens se plaignant légitimement de l'état des routes, une ministre demandait avec une arrogance extrême : « Il y avait quoi avant ? » Les Camerounais lui ont répondu par des dizaines de vidéos sur les réseaux sociaux, vues des centaines de milliers de fois...

Avant, il y avait une compagnie aérienne nationale desservant le pays, l'Afrique et l'Europe, il y avait une compagnie publique de transport maritime comptant de nombreux navires, une raffinerie, une société de transport urbain qui permettait de prendre le bus pour 25 francs CFA... Le Camerounais attend aujourd'hui trois choses de Paul Biya. Que son niveau de vie s'améliore. Que sa sécurité quotidienne soit assurée car, en ville comme au village, l'insécurité règne. Que soit mis un terme au conflit armé en région anglophone avec son solde sanglant en termes de vies humaines, y compris celles de nos valeureux soldats, et que cesse le chaos dans le nord du pays, où les morts et les déplacements de populations victimes de Boko Haram sont passées sous silence.

Jeune Afrique : Paul Biya a-t-il encore les moyens de retourner cette situation ?

Marafa Hamidou Yaya : Oui et non. Non, parce que le marasme est trop général et que le système que le président a mis en place, et dont héritera son successeur, rend tout changement de fond impossible. Oui, car c'est toujours lui qui dirige notre pays et qui est responsable de ses destinées. Oui, encore une fois, car il est en capacité de prendre la seule mesure qui, dans les circonstances actuelles, serait salvatrice : redonner la parole au peuple ! Les prochaines élections, qu'il s'agisse des législatives ou de la présidentielle, ne suffiront pas à remettre le pays sur la bonne voie, et ce quels qu'en soient les vainqueurs.

Ce qu'il faut au pays, et ce à quoi j'appelle, c'est l'organisation d'une sorte de Commission Vérité, Réconciliation et Refondation. La dimension « Vérité et Réconciliation » évoque bien sûr ce qu'a fait l'Afrique du Sud pour exposer au grand jour les crimes du régime d'apartheid. La même démarche est nécessaire au Cameroun, où le caractère systémique des crimes et scandales d'État que j'évoquais plus haut est tel que certains n'ont même pas conscience de leur responsabilité. Je pense en particulier à certains juges et à certains policiers, instrumentalisés par le régime.

Jeune Afrique : À quoi pourrait aboutir ce grand déballage ?

Marafa Hamidou Yaya : Cette honnêteté radicale sera une première étape permettant de réconcilier le pays avec lui-même, c'est-à-dire de recréer des liens de confiance entre les citoyens et nos institutions, mais aussi entre les citoyens eux-mêmes. C'est la société de confiance que j'appelle de mes voeux. C'est sur cette base, et seulement sur elle, que la commission pourra ensuite mener la « refondation » qui nous permettra de sortir du marasme. Car l'adhésion de tous sera nécessaire pour définir les paramètres essentiels de notre futur vivre-ensemble.

Je pense notamment aux réformes qui devront porter sur la structuration de notre vie politique : dans le système actuel, le chef de l'État au Cameroun a plus de pouvoir que du temps du parti unique. Il faut que le Parlement ait un poids véritable, que la justice ait une indépendance réelle, qu'il y ait une égalité de représentation entre les populations et les territoires, au premier rang anglophones, et que la lutte contre la corruption soit menée de manière sincère et efficace.

Jeune Afrique : Les coups d'État se multiplient et se banalisent en Afrique. Pensez-vous qu'il faille en craindre un au Cameroun ?

Marafa Hamidou Yaya : Il y a eu sept coups d'État ces trois dernières années en Afrique. L'adhésion au modèle démocratique recule de manière radicale. Aujourd'hui, selon une étude, 53 % des Africains pourraient soutenir un coup d'État dès lors qu'ils estiment leurs dirigeants incapables ou corrompus. Les raisons ? Une pauvreté et une insécurité persistantes ou grandissantes, la perception d'une corruption omniprésente, mais aussi le déferlement d'une vague mondiale de populisme à laquelle l'Afrique n'échappe pas. Ce populisme, en Europe ou aux États-Unis, se traduit par la stigmatisation de l'immigré comme profiteur, parasite et délinquant.

En Afrique, ce que l'on commence à appeler « l'afro-populisme » conduit au rejet massif de tout ce qui a une coloration occidentale, y compris le modèle démocratique. Même si je comprends et partage le désarroi, voire le désespoir, de nombre de mes compatriotes et de nombre d'Africains, je reste persuadé que cette voie du populisme est stérile. La seule solution offerte par les populistes, c'est le rejet de l'autre. On ne bâtit pas l'avenir sur ces sables mouvants. Le populisme est aussi irréaliste. On peut rejeter l'histoire commune de la France et de l'Afrique, rejeter son héritage inégalitaire, voire prédateur. On ne peut pas rejeter la géographie : l'Europe et l'Afrique seront pour toujours voisins.

Ma conviction est que ce n'est pas la démocratie qui est en cause. Ce qui l'est, c'est son efficacité dans la résolution de problèmes vitaux, une efficacité que la pression démographique rend d'une urgence absolue. En douze ans, depuis le début de mon emprisonnement, la population du Cameroun s'est accrue de l'équivalent des populations du Gabon et du Congo réunies. L'autre impératif, c'est l'adaptation du modèle démocratique à nos cultures. Nous avions des traditions démocratiques bien avant la colonisation.

Jeune Afrique : Qu'en est-il de votre avenir à vous ?

Marafa Hamidou Yaya : Je crois pouvoir encore aider mon pays. J'ai pour cela la volonté, les idées et l'expérience. Toutefois, ma santé et ma survie sont entièrement soumises à l'arbitraire du président de la République, Paul Biya. Mais pour ce qui est de mon engagement futur au service de mon pays, il reste aux mains de la Providence. Ma génération semble avoir échoué dans son rêve de construire un Cameroun nouveau. Une mission plus impérieuse nous appelle. Elle consiste à empêcher que le Cameroun ne s'autodétruise irréversiblement.

COMMUNIQUÉ SUR LES FAUSSES INFORMATIONS CONCERNANT L'ÉTAT DE SANTÉ DE MARAFA HAMIDOU YAYA

Publiée le 19 juin 2024 dans la presse Nationale.

Face à des rumeurs propagées dans les médias officiels, Marafa publie un communiqué pour rétablir la vérité. Il dément avoir reçu une offre sérieuse d'évacuation sanitaire et rappelle **l'urgence de sa situation médicale : douleurs chroniques, risque de cécité totale, absence de traitement adapté**. Il dénonce une opération de communication cynique, destinée à masquer un refus délibéré de soin. Ce texte, bref mais implacable, expose **une violence institutionnelle feutrée, plus insidieuse encore que l'emprisonnement.**

Une campagne de désinformation a été menée via la presse, la télévision et les réseaux sociaux, affirmant que l'opération chirurgicale urgente dont j'ai besoin pour éviter une cécité totale pourrait être réalisée au Cameroun.

Cette information est fausse.

Les spécialistes camerounais, y compris ceux du Cameroon Eye Institute de l'hôpital ophtalmologique d'Oback, ainsi que des experts étrangers, ont établi que je souffre d'un glaucome bilatéral extrêmement sévère. J'ai déjà perdu totalement la vision de mon oeil droit et j'ai très peu de vision restante dans mon oeil gauche. De plus, je souffre d'une pression intra-oculaire extrêmement élevée malgré un traitement médical maximal. Sans intervention immédiate, je perdrai totalement la vue et pourrais nécessiter l'ablation de mes globes oculaires pour soulager des céphalées violentes et permanentes.

En particulier, le rapport médical de l'hôpital ophtalmologique d'Oback en date du 1er octobre 2021 indique : « Notre patient souffre d'un glaucome bilatéral extrêmement sévère. Compte tenu de la nature avancée de la maladie, en particulier de son oeil droit (aveugle), nous recommandons une chirurgie mini-invasive du glaucome (MIGS), comme la pose d'un stent, afin d'éviter une cécité irréversible des deux yeux. Cette intervention n'est actuellement pas disponible dans notre hôpital."

Ces informations ont été reprises dans les courriers adressés au Président de la République le 20 octobre 2021, puis le 21 janvier 2022, le 26 mai 2023 et le 31 juillet 2023.

Si cette opération avait été possible au Cameroun, j'aurais, ayant une grande confiance en nos spécialistes, choisi de me faire opérer sur place. Affirmer le contraire ne vise qu'à me dénigrer et à me faire perdre un temps précieux, alors que ma vue se dégrade de jour en jour. Cette manoeuvre vise également à masquer un acte de torture tel que défini par la Convention contre la torture et autres peines ou traitements cruels, inhumains ou dégradants des Nations Unies, qui considère la torture comme "tout acte par lequel une douleur ou des souffrances aiguës, physiques ou mentales, sont intentionnellement infligées à une personne ».

Le refus de me permettre de recevoir les soins nécessaires à l'étranger, malgré les recommandations médicales claires et urgentes, a été fermement condamné par plusieurs entités internationales. À cet égard, le Comité des Droits de l'Homme des Nations Unies a saisi le Gouvernement Camerounais les 15 février 2022 et 15 mars 2022, lui demandant de me permettre d'accéder immédiatement à des soins spécialisés et adéquats.

Cette campagne de désinformation a conduit Jeune Afrique à rapporter, de bonne foi, le 17 juin 2024, que «la présidence lui a proposé de faire venir un plateau technique et des médecins turcs pour que les soins appropriés lui soient prodigués dans un hôpital sur place. Craignant notamment pour les suites postopératoires, le prisonnier a rejeté cette proposition.» Je démens catégoriquement cette information. Les autorités politiques et médicales ne m'ont jamais proposé d'alternative à une opération à l'étranger, et je n'ai jamais eu à rejeter l'intervention d'une équipe de médecins turcs.

À cette torture physique s'ajoute, en représailles à l'interview que j'ai accordée le 23 avril 2024 au journal Jeune Afrique, une torture morale, due au refus du droit de visite aux personnes qui me sont les plus chères.

Je continuerai de me battre pour mon droit à la santé et à un traitement humain, conformément aux valeurs et aux principes que nous chérissons.

POST-SCRIPTUM

IL EST TEMPS D'OUVRIR LES YEUX SUR MARAFA

Treize ans.

Treize ans d'enfermement, de privation, d'isolement. Treize ans de silences orchestrés, de portes closes et de regards détournés. Treize ans d'une mascarade judiciaire dont tout le monde connaît l'issue, mais dont l'État camerounais refuse d'écrire le dernier acte.

Treize ans, et aujourd'hui, Marafa Hamidou Yaya ne voit plus.

Il ne voit plus parce que, depuis des années, on lui refuse l'accès aux soins qui auraient pu sauver sa vue. Parce que son incarcération n'est pas seulement une privation de liberté : c'est une punition qui doit s'étendre à son corps, une détérioration programmée, une mort à petit feu. Ce n'est pas une erreur judiciaire. Ce n'est pas même une condamnation politique. C'est une torture. Une mise à l'écart méthodique, physique et mentale, un effacement progressif sous l'oeil complice de ceux qui savent et se taisent.

Mais le silence a des limites.

Ce livre est un acte de résistance. Il est la preuve que même les barreaux ne suffisent pas à museler une parole. Il est la réponse de ceux qui refusent que l'oubli avale un homme et son combat. Car Marafa n'a jamais cessé d'écrire. Il a écrit pour dénoncer, pour alerter, mais aussi pour proposer. Il a écrit pour dire ce que d'autres, en liberté, n'osent même plus murmurer. Il a écrit pour ce Cameroun qu'il n'a jamais cessé de servir, même depuis sa geôle.

Aujourd'hui, ces écrits doivent sortir. Ils doivent franchir les murs de Kondengui et du SED et faire résonner un message limpide : il est temps d'ouvrir les yeux sur Marafa.

Car que reste-t-il de la justice d'un pays qui enferme un homme innocent plus longtemps que ses codétenus pourtant plus lourdement condamnés ?

Que reste-t-il de la dignité d'un État qui laisse volontairement un prisonnier perdre la vue plutôt que de l'envoyer se soigner ?

Que reste-t-il d'un système qui n'a plus que la persécution et l'arbitraire comme instruments de gouvernement ?

Ce livre ne cherche pas à plaider la cause d'un homme. Il en appelle à celle d'un pays tout entier. Il s'adresse à ceux qui refusent l'érosion des consciences, à ceux qui savent que l'injustice n'est jamais une anomalie isolée, mais un poison lent qui contamine l'ensemble du corps social. Il est un avertissement : un État qui enferme et aveugle un de ses propres serviteurs ne s'arrêtera pas là.

L'heure n'est plus au constat. Elle est à l'action.

Une plainte a été déposée devant l'ONU pour faire reconnaître ce qu'il subit comme un acte de torture. Ce livre en est le complément politique. Son but est clair : faire éclater la vérité et rappeler aux bourreaux qu'ils seront jugés, demain, par l'Histoire.

Marafa Hamidou Yaya ne voit plus.

Mais nous, nous voyons.

Et nous ne détournerons pas le regard

Distribution and natural habitats

As could already be seen from the geographic information in our species list above, all representatives of the genus *Geosesarma* originate from Southeast Asia and farther to the east. The distribution range of the genus stretches from Sri Lanka via Thailand, Malaysia and Indonesia in the east and on via the latter country's scattered world of islands to New Guinea in the far southeast and the Philippines and Taiwan in the northeastern parts of the South China Sea.

Within their distribution range, the representatives of the genus *Geosesarma* inhabit the leaf litter stratum of rainforests with a predilection for more open situations along small watercourses and in marshy areas. Along flowing waters, they are typically encountered in the splash zones on the banks as well as near small water cascades. Vertically, their habitats can be situated at altitudes of up to circa 1,300 metres above sea level (*G. notophorum*). The leaf litter and proximity to water offer the crabs with sufficient sources of food, provide shelter, and create favourable microclimates. The animals therefore spend most of their time foraging for food amongst the fallen leaves and branches and rocks, both on land and in the water. Their evolutionary development has liberated most species from living constantly in the water, but they will still need habitats near water bodies. Some species have even evolved so far that they can now almost do without flowing water: *Geosesarma notophorum* will even try to avoid contact with open water most of the time, and has adapted to living on a wet substrate instead. For their part, *Geosesarma malayanum* and *G. peraccae* have conquered new habitats in an altogether different manner – both species often reside in pitcher plants of the genus *Nepenthes*.

Fig. 4: The islands between Sir Lanka in the west and New Guinea in the southeast are home to the genus *Geosesarma*.

◂ **Fig. 5:** In nature, vampire crabs preferably live next to small streams and waterfalls.

partment, which is developed as a chewing and kneading (mastication) apparatus that primarily serves the fragmentation of the ingested food. Downsized thus, the food particles are then infused with secretions from the midgut gland (hepatopancreas; corresponding to the liver and pancreas in vertebrates) and transported on to the posterior portion of the stomach (pylorus = stomach exit). From there, the food gruel is forwarded through a short small intestine to the large intestine that ends at the anus. The heart consists of a single chamber and lies within a pericardialsinus that serves a similar function as the atrium of the vertebrate heart. The blood – called haemolymph because crabs have an open blood circulation in which blood and lymphatic fluid are not kept separate – flows through orifices into the heart and is pumped into arteries with open ends into the body. Haemolymph cannot thus be pumped directly to the organs, but will instead diffuse through the body before it is collected in the ventral portion and channelled to the gills for being re-enriched with oxygen. The oxygen-carrying protein in the crab blood is not the iron-based haemoglobin as in vertebrates, but haemocyanin that utilizes copper for compounding oxygen instead. It is for this reason that care must be taken to use copper-free water in the captive keeping of these animals, because copper can have extremely toxic effects on crabs and other invertebrates even at concentrations of a few millionths of a gram. The gill chambers are usually lined with interconnected skeletal sheets that separate the gill chamber from the rest of the thorax. For their part, the gills are made up of densely arranged, plume-like filaments that are separated from each other by grooves. They are also known as phyllobranchiae.

Fig. 10: A female of von *Geosesarma hagen* with her unfolded, round and distinctly larger abdomen (apron).

Fig. 11: A male of *Geosesarma hagen* with his unfolded, triangular abdomen, exhibiting his copulation organs (gonopods).

Females have ovaries in the dorsal portion of the body in which the eggs are developed. This is also the place where a so-called receptaculum seminis is located, a structure in which the females can store the sperm of the males and keep it fully functional for months. In males, the sexual organs are located in about the same spot. They consist of testicles and sperm ducts that run parallel to the hindgut to the rear of the body (caudad) and end at the coxes of the fifth pereiopods.

crabs. In fact, they will often leave their shelters following such an artificial rain shower. If you run a large terrarium setup, you might want to make use of an automated misting system and wastewater disposal via a drainage system. Ultrasound foggers are very useful in this scenario and can be automated easily by employing timers or, even better, hygrostats. They should be used in combination with an ioniser, though, in order to minimize the introduction of pathogens. Another important point is to secure all drain openings against escaping crabs – in particular the tiny juveniles. Here you may want to use a fine-meshed gauze material of the type used for securing breeding glasses for fruitflies (*Drosophila*). As far as technological aids are concerned, the interested keeper can once again take inspiration from poison frog terraria, which will typically be equipped with refined maintenance mechanisms.

Other vital aspects to consider when setting up a terrarium for *Geosesarma* concern proper lighting and temperature management. Some species, like the species that used to be imported as the Mandarin crab, *Geosesarma notophorum*, but which are probably referable the newly described taxon *Geosesarma pontianak* according to NG (see the explanation under Species accounts), appear to like basking. In their case, it will not be uncommon to find several specimens clustering in a well-illuminated spot, suggesting that the general lighting installation of a fluorescent tube or an energy-saving lamp could and should be complemented with a small spotlight, at least if the crabs are accommodated in a larger tank. In the case of smaller terraria, one such spotlight will often be enough to fully illuminate the entire tank. Depending on the terrarium size

Fig. 35: Almost like home – this is how to make *G. dennerle* feel well in its artificial surroundings.

Fig. 36: Display terraria for crabs of the genus *Geosesarma* can be very aesthetic indeed. This terrarium manufactured by Exoterra contains a waterfall, a fogging and misting system, as well as sophisticated lighting.

Fig. 37: Splash zones and the aquatic section should be densely vegetated in order to provide juvenile crabs with the required cover.

▸ **Fig. 38:** Opportunities for climbing must not be wanting in the terrarium and are frequently made use of by the crabs.

Fig. 39: Vampire crabs utilize all three dimensions of the space available and are fond of climbing.

Fig. 40: Using all of its eight legs plus its chelae, this crab very skilfully climbs through the vegetated terrarium.

and type of illumination used, attention must be paid on the influences of the lighting equipment on the temperatures, as the basic temperature must only range at about 24–28 °C. If this range is not reached, installing a low-wattage heating pad under a small portion of the bottom of the terrarium may produce the desired result. This does not apply to fossorial ("digging") species, though, in whose case such a heating pad must be mounted to a sidewall of the terrarium so that these crabs can now as before retreat to cooler levels in the ground. Heating from below obviously has the advantage of warming the drainage and soil layers and so raising humidity levels in the terrarium. Depending on the depth of the soil, it may even warm the water in the aquatic section or bowl. Irrespective of the types of lighting and heating used, a temperature gradient should establish itself in the terrarium so that the crabs are able to freely choose in which temperature and moisture zone they like to be at any given point of time. This is also the reason why a heating pad should never cover the entire bottom plate or sidewall of the terrarium. Temperatures should decrease by a few degrees Celsius at night, but values should not drop below 18 °C for longer periods.

Provided with good care, a keeper may expect to enjoy his or her crabs for several years. Owing to the young history of keeping vampire crabs in terraria, not much data exists as yet on the life expectancy of these animals, but a reasonable guess would be something like between three and five years.

Keeping on plastic foam – Quarantine

An entirely different approach to keeping vampire crabs in terraria, which has nevertheless been demonstrated to be highly suitable, is setting up a two-storey terrarium (see also Rademacher & Mengedoht 2011). It consists of a terrarium or aquarium with a basement level that is completely covered with water a few centimetres deep, and a "ground floor" that is suspended on "stilts" of glass or plastic that rise above the water surface or on support ledges mounted along the side and rear walls. This "ground floor" can be cut to size from glass or water-resistant plastic so that it will overhang the actual floor space by about two thirds. While the aquatic lower level can now be vegetated with Java moss and small floating plants, the upper storey is covered with filter foam of the type used in aquarium filters or a similar expanded plastic material approximately 4 cm thick. After having installed a small-sized pump that takes water from the basement to the ground floor and soaks the plastic foam, you will have created an aerobic trickle filter with a very large surface from which the purified water runs back into the aquatic section. The water level of the lower portion must of course not reach the upper level, but there should be a gap of maybe 5 cm between the two. The upper level should have a low containing ledge that will ensure that the plastic foam cannot slip into the water; this detail is even more crucial when you decide to use a natural bottom substrate like coconut humus or terrarium soil. No matter what your personal preferences are – artificial or natural bottom substrates – either can be planted without problems with *Ficus*, bromeliads and mosses as long as you provide the necessary moisture and light. This ground can likewise be populated with springtails and small woodlice. The two sections need to be connected via a ramp, of course, either one shaped from plastic foam or a mangrove root, to enable the crabs to move easily from one to the other. As a safety measure, you may want to have small rescue rafts floating on the water surface, at least during the first days, which the crabs can climb on should they fail to find the ramp to the terrestrial section. Always keep in mind that vampire crabs *can* drown (*G. nemesis*)!

If you opt for plastic foam, baby crabs will find a multitude of shelters in the pores in the surface of the foam. These will offer not only a certain degree of moisture, but the algae and mosses growing in them also provide the little crabs with a source of food. Keeping vampire crabs on plastic foam has the potential of becoming the basis of productively propagating these animals, which would be highly desirable for reducing the pressures on wild populations. The advantages of plastic foam lie in the improved hygiene even when there is a large population, improved monitoring of all specimens present, and in simplified and cost-effective maintenance.

Fig. 41: One of the present authors has been keeping various species of Geosesarma with great success on plastic foam mats. The plastic foam stores moisture very well and so takes care of optimal humidity levels.

Fig. 42: The storied design of the terrestrial section made from plastic foam, which overhangs a large portion of the aquatic section below, almost doubles the available floor space of the terrarium.

Feeding

The menu for vampire crabs is easily designed for offering variety. Most species are omnivorous, i.e., they will feed on both animal and vegetable matter. Some exhibit certain preferences with regard to their food, but it is always recommendable to make the menu as varying as possible, because individual preferences may change any time over time.

Aside from the aquatic plants like duckweed already mentioned, floating crystalwort and algae, these crabs also feed on rotting plants, leaf litter and fruit. As for leaf litter, you can offer the dry oak or beech leaves mentioned, but the dead leaves of other trees such as maple, cherry, apple and plum will also be accepted. Collecting leaves for drying requires a little circumspection, as you will have to ensure that they do not come from the edge of a busy road or parking lot where they have been exposed to exhaust fumes. It goes without saying that you can only use leaves from fruit trees that have not been treated with pesticides. Dead leaves appear to be particularly appetizing to the crabs when they lie in the water.

The vegetarian menu of vampire crabs can be expanded by adding, for example, cucumber, zucchini, tomatoes (without pips), potatoes or boiled carrots. As for fruit, pipped apples and pears lend themselves, furthermore bananas, strawberries, mangos or papayas. No matter whether you offer fruits or vegetables – everything should be thoroughly washed and best be made available without skin. This also applies to organic fruit and vegetables, as their skins might contain traces of copper, which would be harmless to humans but extremely toxic to most invertebrates. Fruit with a

Fig. 43: Feeder insects, Repashy Beach Buffet and Repashy Grub Pie make for a perfectly suited array of basic foods for vampire crabs.

▸ **Fig. 44:** Floating plants such as duckweed are readily consumed by the crabs as well.

The juveniles usually thrive splendidly in these separate raising boxes where there are no risks of falling prey to adult specimens. They are fed in the manner described before, but it is highly recommendable to populate the nursery containers with springtails well in advance and so ensure that a good population of these can establish itself and serve as constant source of protein for the growing baby crabs. The ramps between the water bowl and the land obviously have to be adapted to the sizes and capabilities of the miniature crabs. Small pieces of cork, moss or pieces of roots can be used here. One feature that cannot possibly be compromised if breeding and raising are to be successful is the quality of the water. Regularly replacing the water in the bowls or partial exchanges in the aquatic section are therefore a must. During their major growth phase, juvenile crabs will moult relatively frequently and often take to the water for this purpose. If this water is then polluted with nitrates or even nitrites, major losses amongst the offspring must be expected. Also, a stable, high level of relative humidity in the nursery terrarium must be maintained in order to keep the babies from drying out and minimize losses.

If you have managed to raise a large litter, splitting this group of growing individuals will be recommendable at some stages along the way. Our observations to this effect have shown that up to ten juveniles can be kept together in a well-structured plastic tub until they start assuming their adult colours at the age of about one year. Larger colonies bear the risk of excessive competition for food, access to open water, and shelters, which can all have negative effects on inferior specimens and might cause them to perish. If you split them up in time, losses will be minimized and reward you with a larger number of individuals reaching adulthood in the end. Considering the small number of vampire crabs that are currently produced in captivity, this is a goal entirely worth pursuing.

All species of *Geosesarma* dealt with in this book are able to reproduce outside of open water. The only exception is *G. dennerle* "Blue" whose juveniles have a semi-aquatic ecology.

Fig. 57: The mother crab will release her young, but sometimes – as though on command – they come rushing back to hide under her.

▸ **Fig. 58:** Raising young can also be successful in the terrarium. It will be less productive, though, as many juveniles are likely to fall victim to the cannibalistic habits of the adult specimens.

Species accounts

As has been mentioned in the chapter "Systematics" above, the scientific classification and identification of representatives of this little-researched genus is often all but easy. The taxonomy of *Geosesarma* is therefore subject to ongoing changes and the definition of new species must be expected any time. One such example is the publication by NG, SCHUBART & LUKHAUP in early 2015 in which three representatives of *Geosesarma* that were previously known as *G.* sp. "Vampire", *Geosesarma bicolor*, and *Geosesarma* sp. "Blue" were all regarded as being referable to a new species, *Geosesarma dennerle*. Owing to morphological difference between the three original species/forms, the present authors as well MENGEDOHT and RADEMACHER (pers. comm. and information on their homepage) have some doubts as to whether this concept can be upheld and all of them really represent *G. dennerle*, or whether they are in fact undescribed cryptic and possibly closely related species that live in habitats that are not too distant from each other. Future locality records, detailed morphological studies, and maybe even genetic analyses could possibly shed more light on this question. In order to account for this situation – which is not yet fully resolved in our opinion – these species are referred to here as *G. dennerle* "Vampire", *G. dennerle*, and *G. dennerle* "Blue", respectively.

Another situation similar in character occurred right after our manuscript was originally finalized and a study by NG (2015) came to the conclusion that the species commonly imported as the Mandarin crab *Geosesarma notophorum* would rather be referable to a newly described taxon, *Geosesarma pontianak*. This publication is accounted for accordingly in this book as well.

Fig. 59: A male of *Geosesarma dennerle* "Vampire".

◂ **Fig. 60:** A distinctly blue-coloured specimen representing the recently described species *Geosesarma dennerle*; these crabs were originally referred to as Geosesarma sp. "Yellow Eye" and are identified as *G. dennerle* "Blue" by the present authors.

Geosesarma dennerle "Vampire" NG, SCHUBART & LUKHAUP, 2015

(formerly *Geosesarma* sp. "Vampire")

Name

Previously imported under the denomination *Geosesarma* sp. "Vampire" or simply as Vampire Crab, this form must be credited as being the one starting the craze of keeping these crabs in terraria. In the beginning, it was quite unknown that vampire crabs lived for the largest part terrestrially, and many a keeper may have drowned them in their aquaria at home. This cluelessness was surely based at least in part on collectors and exporters keeping quiet on the exact origins and type of habitat these animals lived in in nature, possibly for fear of losing a new source of income to other collectors and exporters. It did not take long, however, before word of the terrestrial lifestyle of these crabs spread and husbandry attempts became more and more successful. By today (2015), the so-called "true vampire crab" has become one of the most expensive species. Whether this is due to over-collecting in the natural habitats or the small number of exporters who know exactly where the crabs can be found, can only be guessed about. Whatever the reason – it should motivate all of us keepers to propagate these animals in our terraria and so reduce the pressures on the wild populations.

Distribution

The exact distribution range of this species has until now been puzzling to just about everybody. ROSSOW & ZOMPRO (2009) stated the species to originate from Sulawesi, and RADEMACHER & MENGEDOHT (2011) generalized this to Southeast Asia, which would of course include Sulawesi. However, it soon turned out that Sulawesi

Fig. 61: A male of *Geosesarma dennerle* "Vampire".

was not the place where these crabs could be found. NG et al. (2015) now state that this species originates from the Cilacap region on the Indonesian island of Java.

Size and appearance

Growing to 22 to 25 millimetres in carapace width, G. *dennerle* "Vampire" is one of the larger species. At the same time, it is one of the most variably coloured ones, with yellow, salmon-pink, orange and entirely dark coloured (brown to almost black) specimens with few contrasting elements of a pattern on their dorsal shells having become known. Most specimens sport violet legs and chelae, and ROSSOW & ZOMPRO (2009) stated that the tips of the scissors would always be white. Males often differ from females by having distinctly broader chelae. A conspicuous character is the eyes that will most often be electric orange in colour, but there are also those with rust-red to wine-red eyes.

Natural habitat

This species is said to inhabit the slopes of a small valley on the island of Java where it lives under rocks and in the dense vegetation on the sides of small streams. According to NG et al. (2015), these crabs excavate cavities in the moist soil that they can use as shelters. Juveniles are often found on land, in the splash zone along streams.

Terrarium and co-habitation

A single male and two females can be kept in a well-structured terrarium of just 30 × 30 × 30 centimetres. It should offer numerous microhabitats that are created from dry leaves and small plants. It has furthermore proven useful to bury several small tubes in the soil, as the crabs will readily accept these as hiding places. Arranging these tubes so that not all exits end in the same central spot but rather point in different directions will ensure that all individuals can occupy places in which they will not feel disturbed by having visual contact with their neighbours. This is a point that will be even more important if you keep several males in a larger terrarium. The soil can furthermore be distributed as to form low hills between these spots and covered with a few dry leaves and moss to grant all specimens a sense of privacy. Keeping a colony of six or more specimens will necessitate a terrarium of at least 60 × 30 × 30 centimetres. To account for the partially territorial habits of the crabs, the aquatic section should have several ramps, or you may want to set up two or three spatially separated water bowls rather than one large reservoir in the terrarium.

Behaviour

This species is certainly one of the most attractive ones for the terrarium. The crabs will only take a short while to become accustomed to their captive surroundings, lose their natural secretiveness, and show themselves often. The keeper will note that these crabs exhibit a great amount of site fidelity and are mostly found in front of "their own" shelters. Prefabricated refuges are readily accepted. G. *dennerle* "Vampire" will typically moult in the water.

Diet

G. *dennerle* "Vampire" is predominantly carnivorous, i.e., these crabs feed mainly on animal matter. They are easily maintained on a diet of dried daphnia, mosquito larvae and small, freshly killed crickets. Flake food for aquarium fish is also consumed. Terrarium observations indicate that the crabs prefer to forage in the immediate surroundings of their individual shelters.

Fig. 65: An individual of *Geosesarma dennerle* with bluish violet chelae. These crabs are highly variable, which renders their taxonomy a complicated subject indeed.

Fig. 66: Together with *G. dennerle* "Vampire", *Geosesarma dennerle* was one of the species that were imported first, but received its scientific name only recently.

Natural habitat

G. dennerle is an inhabitant of the rainforests growing on the slopes of a small valley where it finds shelter and cover under rocks and in the dense vegetation lining small streams.

Terrarium and co-habitation

A well-structured terrarium with dimensions of 30 × 30 × 30 cm can accommodate a single male and two females also in this species. Colonies of six or more specimens should be afforded a tank measuring at least 60 × 30 × 30 cm and containing a larger water reservoir. Keeping these crabs in colonies with a bias in favour of the females, like, for example, one male plus two females or two males plus three or four females, has proven entirely possible. *G. dennerle* are rather social animals and have been observed occupying the same shelter tubes for certain periods of time (Rademacher & Mengedoht 2011). Jointly keeping day geckos (*Phelsuma klemmeri*) with these crabs as a cleaner brigade on the terrarium floor worked well for Singheiser and even produced some young that originated from females that had been imported gravid. A large water bowl and a spot in the terrarium floor that offers more moisture than the surroundings are critical husbandry parameters. A suitable substrate can be mixed from *Sphagnum* moss and leaf litter as to provide different degrees of ambient moisture. The crabs need only a short period to adjust to their new environment and will then be seen more frequently outside their shelters, typically around dusk and at night. Larger numbers of juveniles of this species could only be raised when a suitably large and well-structured aquatic section was made available and the young were kept on plastic foam (aquarium filter), as the baby crabs appear to be entirely aquatic (Höhle pers. obs., Rademacher & Mengedoht pers. comm.).

Behaviour

In contrast to *G. dennerle* "Vampire", *Geosesarma dennerle* is a secretive crab that will show itself in the open rather rarely even after a longer period of acclimatization. Disturbances will usually make these crabs rush back and hide in their refuges.

It is possible however, with some patience, to accustom them to fixed feeding spots at which they can then be seen more often.

Diet

Geosesarma dennerle has a predominantly carnivorous diet.

Propagation and maternal care

Similar to the description by RADEMACHER & MENGEDOHT (2011), the two authors of this book could not detect any active maternal care after the baby crabs had been released by their mother. The observations made by SINGHEISER with regard to the juvenile crabs being carried around under the closed ventral flap of the mother crab for a period of several days also agrees with the description by RADEMACHER & MENGEDOHT (2011). Once released, the young will live in the water and are hardly ever seen on land. Water of excellent quality is therefore most crucial, especially because the young have to be fed in the water. Frequent checks of all relevant water values, in particular when the water reservoir is not equipped with a filter system, and careful exchanges of the water are called for. If the miniature crabs have a tuft of Java moss in their water reservoir, they will readily use it for hiding in and can thus be removed more easily when the water needs to be replaced.

Life expectancy

Many individuals of this species have lived for three years or more in terraria.

Fig. 67: *Geosesarma dennerle* present themselves as skilled climbers.

Geosesarma sp. "Metallic"

Name
This species was also traded under the names *Geosesarma* sp. "Tricolor" or *Geosesarma bicolor* "Metallic".

Distribution
No information exists on the distribution range of these crabs.

Size and appearance
G. sp. "Metallic" does not quite reach the dimensions of G. *dennerle* and altogether appears a little more delicate. Its colour pattern is clearly reminiscent of G. *dennerle*, with G. sp. "Metallic" exhibiting a violet varnish overlaying an almost black underground in the anterior portion of the shell that will create an effect similar to spray-painting artwork in certain lighting situations. The posterior half of the carapace is yellowish in most specimens. The colour pattern is quite variable in this species, with inconspicuous specimens existing alongside those in which the violet hue covers almost the entire dorsal surface.

Fig. 68: *Geosesarma* sp. "Metallic" is quite similar to G. *dennerle* (formerly classified as G. *bicolor*), but clearly distinguished by its colour pattern.

Natural habitat
No reliable information on the natural habitat of this species could be obtained to date. Observations made in the terrarium suggest, however, that it is more strongly bound to the immediate proximity of water.
Terrarium and co-habitation: The biological requirements of this species correspond to those detailed for G. *dennerle*.

Behaviour
No signs of intraspecific aggression could be detected as yet, not even when these crabs were kept in large colonies. Quite to the contrary was it observed that several individuals of various sizes would occupy the same shelters.

Diet
G. sp. "Metallic" is an omnivorous representative of its genus, feeding on both animal and plant matter.

Propagation and maternal care
No information can be provided on the propagation of, and maternal care in, this species as no observations to this effect have as yet been made.

Life expectancy
Owing to this species having been imported for the first time only in 2014, it can only be confirmed at this stage that it can live for more than two years. The maximum life expectancy may be assumed to be something like two to three years.

Annotations
This is an active and not at all secretive species that has the added benefit of being very colourful. It is therefore likely to eventually become a very popular terrarium animal.

Fig. 69: *Geosesarma* sp. "Metallic" is a colourful and very attractive species.

Fig. 70: In contrast to *G. dennerle*, the eyes of *Geosesarma* sp. "Metallic" are dark in colour.

Geosesarma krathing Ng & Naiyanetr, 1992

Name

Individuals of this species are often named according to their colour traits, with "Orange Head", "Orange Vampire Crab", "Orange and Green Land Crab", or "Strawberry Crab" being commonly used denominations.

Distribution

The geographic origin of *G. krathing* is expressed in its specific epithet, which refers to the Krathing Waterfall in the Thai province of Chantaburi.

Fig. 72: This male demonstrates why *Geosesarma krathing* is also known as "Orange Head".

Size and appearance

G. krathing exhibits the colour pattern of *G. dennerle* described above in an almost inverted manner, with the anterior portion of the shell around the eyes being bright orange in *G. krathing* and explaining its trade name "Orange Head". The chelae are coloured likewise and thus are in stark contrast to the brownish black posterior half of the body and the legs. The carapace can grow to nearly 20 mm in width, but normally measures only around 15 mm.

Natural habitat

G. krathing inhabits the ground-covering vegetation in the surroundings of the waterfall after which it has been named.

Terrarium and co-habitation

This is another species of which a group consisting of one male and two females can be kept in a terrarium of 30 × 30 × 30 cm. If the tank is to house more individuals, its dimensions need to be enlarged accordingly. As these crabs like to climb, their terrarium should offer several levels and/or a sculpted rear wall and be outfitted with numerous roots, branches and plants such as bromeliads.

Behaviour

G. krathing is a rather secretive representative of its genus. Like *G. pontianak* and *G. notophorum*, for example, they will shelter in deep damp underground cavities or under other natural structures such as cushions of moss and leaves, exit these only under cover of night, and stray from them only rarely. The water bowl will hardly be made use of if the soil is moist enough (Rademacher & Mengedoht 2011), but should nevertheless not be missing as these crabs might occasionally decide to take a bath in it.

Diet

G. krathing is omnivorous and likes to have a varying diet even though analyses of stomach contents by Ng & Nayianetr (1992) demonstrated that it was more herbivorous than carnivorous. This contradicts our observations under terrarium conditions, however, as the crabs did not exhibit a clear predilection for vegetarian foods.

Propagation and maternal care

If humidity values are maintained at a very high level, a large water bowl can be done without. Corresponding to their lifestyle as adults, the crabs will readily release their young onto damp substrate as well. It is recommended to use a mix of coconut humus and peat, as the humic acid contained will effectively curb the proliferation of mould. The reproduction of this species thus resembles the strategy of *G. pontianak*, yet differs in that no active maternal care has been noted in *G. krathing* so far. It has remained unclear, though, whether *G. krathing* really affords its young no maternal care or whether it has just not been observed due to its very secretive habits. Raising the baby crabs separated from the adults is highly recommended. It is best effected by isolating the mother crab from the colony in a plastic tub until she will release her babies and then take her out and raise them without their mother. Of all vampire crabs that have been kept in Europe so far, *G. krathing* is the species with the largest eggs, and these are consequently produced in comparatively small clutches of 12–20. The number of 50 eggs given by RADEMACHER & MENGEDOHT (2008) cannot be confirmed by the present authors.

Life expectancy

Most of the specimens kept by the authors in terraria lived for between 18 and 24 months. As these were obtained as adults, however, a life expectancy of about three years or more could be supposed.

Annotations

If the level of humidity is high enough, the crabs will moult in the damp substrate on land. If you wish to keep the latter only moderately moist for practical reasons, you need to offer at least a small water bowl, like an undertray for plants made of plastic or clay. RADEMACHER & MENGEDOHT (2008) state that an analysis of stomach contents revealed a dietary composition of 77 % soil, 13 % wood, 6 % leaves, 3 % roots, and 1 % insect wings and legs as well as "flowers" (fide RUANGPRATAUNGSUK, DUMRONGROJWATTANA & MATCHACHEEP 2006). Dominant males can defend themselves and inflict quite painful pinches with their chelae if you try to catch them with bare hands. This behaviour is rather atypical of *Geosesarma*.

Fig. 73: Females of *G. krathing* cannot only be distinguished from males by the differently shaped abdomen, but also by having more delicate chelae.

Fig. 74: A massive male (*G. krathing*), observing his surroundings from the safety of his shelter

Geosesarma pontianak NG, 2015

(formerly *G. notophorum*)

Name

This species was, and still is, often traded under the name Mandarin Crab. The scientific specific epithet refers to a spirit (Pontianak) in Indonesian mythology as well as to a town of the same name near where these crabs were discovered. According to NG (2015), this species is morphologically very similar to *G. notophorum* in that both species lack the flagellum on the exopod of the third maxilliped. They appear to differ, however, in the outline of the carapace, which tends to be more squared in *G. pontianak* than in *G. notophorum*. Following NG (2015), it is unlikely that the crabs available in the European terrarium market are referable to *G. notophorum*. The latter species originates from the island of Lingga east of Sumatra (both Indonesia), and the male designated to serve as the holotype of *G. notophorum* originated from a habitat situated at 1000 to 1300 metres above sea level (NG & TAN 1995). It is a place that is very difficult to access, which renders it doubtful that crabs are collected here for export. The situation is entirely different in the newly described species *G. pontianak*, which was discovered not far from the town of the same name that is home to a human population of more than half a million. Because it is also a place where numerous exporters of aquarium fish are based, NG thinks it more likely that the crabs exported to Germany actually represent *G. pontianak*, which admittedly resemble *G. notophorum* very closely at a first glance.

Fig. 75: Dominant males of the Mandarin Crab, *G. pontianak*, have massive chelae.

Distribution

The point of origin of *G. pontianak* lies in the western (Indonesian) part of the island of Borneo (Kalimantan), more precisely near Kilometre 67 on the road between Pontianak and Anjungan (Ng 2015).

Size and appearance

G. pontianak is one of the small representatives of its genus, reaching a carapace width of between 12 and 14 millimetres. The legs are dominated by shades of red and orange, while the chelae are more brightly coloured than the rest of the body and appear almost signal orange. The shell is usually bi-coloured, with the anterior portion sporting darker shades of orange to brown, and the posterior part being slightly more pale and bluish to bluish grey. Rossow & Zompro (2009) furthermore described individuals with pure yellow scissors that could possibly be identical with *G.* sp. "Yellow Arm". Similar to *G. dennerle*, the eyes are yellow and perched on orange stalks.

Natural habitat

According to the literature (Ng 2015), *G. pontianak* is found along the banks of small rainforest streams.

Terrarium and co-habitation

Accounting for the small body size of these crabs, a well-structured terrarium measuring 30 × 30 × 30 centimetres will offer more than enough space for a group of one male and two females.

Behaviour

G. pontianak is a very secretive representative of its genus. The crabs will excavate deep cavities in the moist soil or use existing refuges for themselves and leave these only very rarely. If they do, preferably under cover of night, they will prove to be skilled

Fig. 76: Dorsal aspect of a male Mandarin Crab with a regrowing leg.

Fig. 77: Crabs that feel well in their habitat will sport bright colours that are much lighter than in stressed specimens, not only in Mandarin Crabs.

Fig. 78: The sexual dimorphism is distinct also in *G. pontianak*, with the males being larger than the females and having larger chelae.

▸ **Fig. 79:** A Mandarin Crab exploring its terrarium.

climbers that should therefore find a sculpted rear wall, various roots and plants.

Diet

G. pontianak has omnivorous feeding habits.

Propagation and maternal care

If this species is kept on a very well moistened bottom substrate, no water bowl will be necessary. In this case, the bottom substrate is best mixed from coconut humus and

Fig. 80: *G. pontianak* are skilled climbing artists that will explore every nook and cranny if their terrarium has been decorated accordingly.

Fig. 81: An adult male of *G. pontianak* is ranging through its terrarium.

peat that will take on the desired marshy character without growing mouldy. Such an environment will see the mother crabs releasing their young on land, where the high degree of ambient moisture prevents them from ever drying out. RADEMACHER & MENGEDOHT (2011) recorded for the crabs, which have until now been imported as Mandarin Crabs and are possibly referable to the newly described taxon *G. pontianak*, a gravidity period of 116 days. They furthermore observed that the female would carry her young around on her dorsal shell and even moisten them if they became too dry. If their specimens should really represent the newly defined species, the type of maternal care exhibited by *G. pontianak* would correspond to that known from *G. notophorum* (the specific epithet *notophorum* means "carrying on the back" and refers to the reproductive behaviour). The juvenile crabs are initially uniform rust-red in colour and will change to camouflage brown as they grow. The splendid colour pattern of the adults appears only when they become sexually mature at an age of approximately ten months.

Life expectancy

Similar to *G. dennerle*, this species may be expected to live for about three years.

Annotations

Juveniles should by all means be raised in separate nursery tanks, because letting them grow up in the terrarium of the adults will likely result in many of them falling victim to the cannibalistic habits of their parents and older siblings. Splitting them up into small groups and housing these in a number of plastic tubs may produce more significant numbers of adults. HÖHLE received this species for the first time in spring of 2006.

Fig. 82: A Mandarin Crab setting out to forage after the terrarium has been sprayed with water.

Geosesarma sp. "White Arm"

Name

This species owes its tentative trade name to its brightly contrasting, large "scissor hands". Other names by which these crabs have appeared in the trade include G. sp. "White Hand", White-handed Mandarin Crab, and G. cf. *notophorum* "White Hand" or "White Arm".

Distribution

Nothing more precise than "Indonesia" has as yet become known about the distribution range of this crab.

Size and appearance

Geosesarma sp. "White Arm" possesses bright red legs and a slightly darker body. The males in the care of the authors' had a soot-grey to greyish blue dorsal shell, while the ventral side was reddish with a lighter breastplate. The females were distinctly lighter dorsally, appearing rather brownish, ochre or even showed a greenish marbled pattern. The yellowish green eyes are set off in great contrast from the body in both sexes, which is even enhanced by the eyestalks being orange. The chelae of both males and females are yellowish to almost salmon-pink. Those of male specimens are substantially more massive and almost reminiscent of oversized boxing gloves. These crabs reach carapace widths of approximately 15–20 mm and thus about match *Geosesarma notophorum* and *G. pontianak* in size.

Natural habitat

The natural habitat of this species has remained unknown, but it may be supposed that it lives along watercourses in rainforests.

Terrarium and co-habitation

G. sp. "White Arm" can be kept in a terrarium in the manner of *Geosesarma pontianak*. Like this species, these crabs require various structures for climbing and a bottom substrate that either offers prefabricated shelter cavities or permits them to excavate their own. This species is mentioned here only for completeness sake, as it has not been imported by the terrarium animal trade since 2013.

Fig. 83: An adult male of *Geosesarma* sp. "White Arm".

Fig. 84: An adult male of *Geosesarma* sp. "White Arm" presenting himself in his most splendid colours.

Fig. 85: Dorsal view of an adult male of the White-handed Mandarin Crab.

Fig. 86: Old, dominant males of the White-handed Mandarin Crab have impressive "scissors".

Behaviour

G. sp. "White Arm" is described as a quarrelsome species, with PAULI & STUTZ mentioning on their website that they would every so often find males that were missing a chela. These crabs should therefore be kept in well-structured terraria in which the males can establish individual territories. Several water bowls have proven sensible, as has keeping only one male in the company of several females. These crabs are relatively secretive, but a well-structured terrarium with dimmed lighting conditions appears to satisfy their need for a safe environment. They may then even be seen outside of their refuges or self-dug shelter tunnels during daylight hours.

Diet

These crabs are omnivorous, which makes it easy to create a widely varied menu for them.

Propagation and maternal care

If these crabs are kept on a very moist bottom substrate, they will require only a small water bowl. A suitable soil mix would therefore be one of coconut humus and peat, which can be turned into a marsh in character without incurring a proliferation of mould. The mother crab will carry her young around for a few days after she has released them from under her apron.

Life expectancy

Like in the case of *G. dennerle*, this species may be expected to live for three years or more.

Annotations

Even if the bottom substrate of the terrarium is made to emulate a marshy forest environment, a water bowl should not be wanting, because these crabs have the habit of bathing in it quite regularly.

Geosesarma cf. tiomanicum

Fig. 89: *Geosesarma* cf. *tiomanicum* was originally imported as the "Disco Vampire Crab".

Name

More commonly encountered trade names of this species are Orange Vampire Crab, Salmon-pink Vampire Crab, or Disco Vampire Crab.

Distribution

The geographical origin of G *tiomanicum* has been specified as the Malaysian state of Pahang including the offshore

Fig. 87: G. cf. *tiomanicum* will often search the edge of the water for food.

Fig. 88: An adult individuum of G. cf. *tiomanicum* is searching for food.

island of Tioman. No specimens have been exported from the latter according to MENGEDOHT (pers. comm.), though. Specimens of G. *tiomanicum* from the mainland and Tioman in the collection of the University of Singapore are similar morphologically, but differ substantially in their colour patterns so that the exact identity of the form available from importers has remained uncertain.

Size and appearance

G. cf. *tiomanicum* grows to carapace widths of about three centimetres. Some specimens are noteworthy for their ability to change their carapace colouration within seconds – how they might do this is still a mystery. Such a colour change, which will usually take place when the lighting conditions change, may then turn specimens that were bluish grey during the day into spectacularly coloured ones that will be salmon-pink when they are exposed to light at night (RADEMACHER & MENGEDOHT 2011).

Natural habitat

With the point of origin of these animals being still uncertain, there is no reliable information on their natural habitat either. It may be supposed that they live in the damp leaf litter stratum of rainforests in the vicinity of streams and rivers.

Terrarium and co-habitation

A small group consisting of one male and two females can be accommodated in a terrarium of 30 × 30 × 30 cm if it is well structured and compartmentalized. Larger colonies will obviously require larger terraria. These crabs will rarely spend longer periods in the water for which reason only a small water bowl is required in their terrarium.

Behaviour

G. cf. *tiomanicum* is secretive to the extreme in its habits. Some individuals will never shed this disposition and are hardly ever seen. There are, however, also more forward specimens that will present themselves often outside their shelters.

Diet

Geosesarma cf. *tiomanicum* is omnivorous and likes a varying diet. If you can find out from trials with different combinations what the favourite foods of individuals are, you may sometimes convince them to leave their refuges when you want to see them.

Propagation and maternal care

Little information exists as yet on the reproductive biology and maternal care of these crabs. RADEMACHER & MENGEDOHT (2011) recorded that a parcel of eggs was carried around for 127 days without a result, and BAUER (2011) indicated a carrying period of 214 days. This species might be expected to produce about 30 juveniles in a litter.

Life expectancy

Like most species of *Geosesarma*, *G.* cf. *tiomanicum* might be expected to live for more than three years.

Fig. 90: Two males of *Geosesarma* cf. *tiomanicum* with differently coloured, light and dark chelae.

Geosesarma dennerle "Blue" Ng, Schubart & Lukhaup 2015

Name
This species used to be imported under the names *G. borgorensis*, *G. bogorensis* or *G.* sp. "Yellow Eye" in earlier times. Other trade names included Black Devil's Crab or Blue Vampire Crab, and it appeared relatively early in the commerce, together with *G. dennerle* "Vampire".

Distribution
According to Ng et al. (2015), this species originates from the Cilacap region on the Indonesian island of Java.

Size and appearance
G. dennerle "Blue" exhibits an almost uniform bluish black colouration. With their whitish yellow colour, the eyes are very distinct from the body. The maximum carapace width of this species measures about two centimetres.

Natural habitat
Following Ng et al. (2015), this species lives on the slopes of a small valley in the Cilacap region where it inhabits the vegetation that grows between rocks and excavates cavities in the ground on the banks of a small stream.

Terrarium and co-habitation
A cubic terrarium of 30 cm in edge length will be large enough to house four or five specimens, provided it is well structured. Owing to their compatible disposition, the crabs rarely engage in conflicts, so that two males and two or three females can be kept together in the same tank without encountering problems.

Behaviour
G. dennerle "Blue" is a relatively secretive species that can nevertheless be observed nicely following an extended period of acclimatization. Startled specimens will rush to the nearest refuge or into the water. These crabs are very compatible amongst each other and can therefore also be kept in large colonies. They will often take to the water for foraging and even feed on detritus under water.

Fig. 91: Specimens representing *Geosesarma dennerle* "Blue" were originally imported into Europe under the denomination Geosesarma sp. "Yellow Eye".

Diet

The commonly used types of food described before are readily accepted by this species, too. It will furthermore predate upon red mosquito larvae, *Tubifex* or *Artemia* in the water and consume these under water.

Propagation and maternal care

These crabs produce relatively large clutches of sometimes as many as 100 eggs. The eggs are quite small by comparison. Hatchling crabs are very small, too, released in the water, and cared for by their mother for only a short while. Juveniles are very secretive, try to stay concealed at all times, and will only change from their almost strictly aquatic ecology to an amphibian lifestyle on having grown to about 6 mm (HÖHLE pers. obs.). In spite of the baby crabs being tiny in the beginning, raising them in a richly structured environment will produce an acceptable number of adults, and roughly 50 *G. dennerle* "Blue" from a single clutch have already been raised to semiadulthood and thus the size at which they could be passed on. RADEMACHER & MENGEDOHT (pers. comm.) noted in this species that that the juveniles were released and taken back on by two females simultaneously over a period of two weeks.

Fig. 94: The dorsum has a distinct bluish black colouration with the slight shine that is typical of this species.

Fig. 92: Adults of *G. dennerle* "Blue" sport gorgeous colours, but will give up their brown marbled juvenile pattern rather late in life.

Fig. 93: Lateral aspect of an adult specimen of *Geosesarma dennerle* "Blue".

Life expectancy

This is another species that may live to an age of approximately three years, but it appears to be a little shorter-lived than some others.

Annotations

Being a more aquatic species, *G. dennerle* "Blue" has the potential of becoming a commercially bred crab. It must be noted, however, that the juveniles will assume their adult colours only very late, i.e., on reaching their sexual maturity at an age of about ten months. Prior to this stage, they will exhibit earthy brownish colours that provide them with good camouflage on the bottom substrate.

Geosesarma sp. "Golden Eye"

Fig. 95: Even though the crabs known as G. sp. "Golden Eye" may be less colourful than some other species, they will surely qualify for being called fascinating.

Name

This species owes its common name to its golden yellow eyes. It is also traded as *Geosesarma* sp. "Yellow Eye" or simply Yellow Eye, which may sometimes result in confusion with the preceding *G. dennerle* "Blue".

Distribution

The geographic origin of this species is given as "Sunda region", which comprises the huge islands of Borneo, Java and Sumatra. Its exact distribution has remained a well-guarded secret.

Size and appearance

Geosesarma sp. "Golden Eye" exhibits a uniformly dark ground colour that may transform from shades of dark blue to black to brownish earth colours. Some individuals may appear almost entirely black. Juveniles are marbled brown to brownish black. The chelae are milky white in colour and stand out from the body. The anterior portions of the chelae are usually lighter than the rest. Most conspicuous are the golden yellow eyes that contrast starkly with the colouration of the body. Whether this pattern is meant to be a mechanism that is supposed to warn off other animals is as yet unknown. Males have much more massive chelae than females, which will rather sport delicate "scissors" and otherwise exhibit rather earthy colours. At least in the specimens in our care, their eyes were less brightly coloured and appeared more sand-coloured, too.

Fig. 96: A sexually mature pair of the "Yellow Eye", exhibiting the distinct sexual dimorphism of this species.

▸ **Fig. 97:** The contrast of the yellow eyes and the white chelae is also prominent in dorsal view in G. sp. "Golden Eye".

Natural habitat

These crabs probably live along streams in dense rainforests.

Terrarium and co-habitation

A cubic terrarium of 30 cm in edge length will be large enough to accommodate one male and two females.

Behaviour

Observations under terrarium conditions (HÖHLE) suggest that the chelae that contrast distinctly with the rest of the body may have an intraspecific signalling function. These crabs are all but secretive in the terrarium and will present themselves readily and often even in exposed spots. They are best kept in groups that comprise more females than males. This species furthermore stands out by its individuals being highly compatible amongst each other. PAULI & STUTZ mention on their homepage that the specimens kept by themselves exhibited distinctly different behavioural patterns: While some individuals would stay exclusively on land, others were preferably found in the water or its immediate vicinity, and both camps showed an extraordinary degree of site fidelity. Whether this was possibly a result of limited access to the aquatic section cannot unfortunately be deduced from their description.

Diet

This species is more of the predatory type, but, like all species of *Geosesarma*, will also take vegetable matter (e.g., fermented beech leaves).

Propagation and maternal care

Propagating these crabs has so far remained an exceptional event that has been observed only very occasionally (HÖHLE). Clutches are moderate in volume at around 35 eggs. Gravid females will stay near or in the water when their young are about to hatch. Perched on their mother's back initially, the young were left to fend for themselves after only three to four days and then led an amphibian life. Raising them was a straightforward affair.

Life expectancy

This species may be expected to live for approximately three years under terrarium conditions.

Annotations

Geosesarma sp. "Golden Eye" has proven to be an easily kept species that will often show itself and be active in a terrarium or aquaterrarium.

Fig. 98: Yellow eyes and bright white "scissors" are trademarks of representatives of *Geosesarma* sp. "Golden Eye".

Geosesarma hagen Ng, Schubart & Lukhaup, 2015

Fig. 99: A male *Geosesarma hagen* in all its splendour; this taxon was scientifically described only as recently as in 2015.

Name

This species remained without a scientific name until 2015 and was therefore only known by its trade names *G.* sp. "Red Devil" or *G.* sp. "Fire". Its representatives rank amongst the most colourful members of the genus *Geosesarma* and therefore quickly became very popular in the crab keeper scene. Other common names applied to it were Red Vampire Crab, *Geosesarma* sp. "Red Vampire", and *Geosesarma* sp. "Red". The scientific specific epithet was chosen in honour of the company Hagen, which is a manufacturer of globally distributed terrarium equipment.

Distribution

These crabs are said to originate from the Cilacap region on the island of Java (Indonesia), just a few kilometres from the distribution range of *G. dennerle*.

Size and appearance

This species is almost tri-coloured. The upper side of the carapace and the chelae are bright orange to red in colour and stand out against the darker sides of the body and the legs. The lower face of the body is light red to light orange in colour and speckled with some dark to black spots that form an interesting marbled pattern in both sexes. The colouration of the limbs varies from dark blue to violet. The eyes stand out by their bright yellow colour. In many specimens, another contrast zone exists in the posterior portion of the body where the reddish orange dorsal colouration will be gradually replaced with yellowish tones as well. Crabs of this species can reach carapace widths of approximately 25–30 mm when adult.

Natural habitat

These crabs can be encountered along small streams and seepages on slopes, often under overhanging vegetation and rocks, but rarely in the water. Adult specimens are sometimes also found at greater distances from water (verbal communication from an exporter). Ng et al. (2015) described the natural habitat in which the type series was collected as banana and gumtree plantations on the face of a small hill with numerous rivulets and small streams. Adult specimens are pre-

◂ **Fig. 100:** *G. hagen* is one of the most conspicuous vampire crabs and consequently the most sought-after one in the terrarium animal market.

dominantly terrestrial and shelter under the dense ground vegetation und between small rocks. They rarely take to the water, but instead prefer to live on moist to marshy ground, whereas juveniles are more commonly seen near or in the water.

Fig. 102: Yellow eyes, signal-red dorsum, and black legs – *G. hagen* are breathtaking crabs.

Terrarium and co-habitation

A terrarium measuring 30 × 30 × 30 cm will suffice for keeping one or two males and two females if it is sensibly structured and offers enough retreats. The males are relatively inaggressive towards each other. A varying terrain that creates many microhabitats is key to keeping this species successfully, however.

Diet

G. hagen is largely carnivorous in its feeding habits (NG et al. 2015) and will actively hunt down small prey such as crickets.

FIg. 101: Semiadult specimens of *G. hagen* indicate the developing morphological differences between the sexes in the size of their chelae.

Propagation and maternal care

Observations made so far indicate that a female may carry up to 80 eggs under her apron before releasing her young. HÖHLE noted that the juveniles were not released into the water but rather on the damp bottom substrate. A suitable spot for this purpose should therefore be created by using live forest or *Sphagnum* moss that needs to be remoistened at regular intervals when gravid females are present in the terrarium.

Life expectancy

These crabs have lived to ages of more than three years under terrarium conditions.

Annotations

G. hagen is presently (2015) imported into Europe in very large numbers after having reached the status of a top-selling species. With no reliable information existing on the population size in nature, it can only be hoped that this species will soon become the focus of breeders in order to reduce the collecting pressure on it in the wild.

Geosesarma cf. *rouxi*, SERÈNE, 1968

Name

There is as yet no common name for this crab.

Distribution

The exporter of this species claims it to originate from Java.

Size and appearance

These crabs are very aesthetic and colourful in their appearance, if not to say spectacular. The carapace width of adult specimens ranges around two centimetres. The dorsal side of the shell sports an orange to reddish shade in the anterior parts and lightens distinctly towards the rear edge, turning pale yellowish to faint greenish depending on the individual and the lighting situation. The light yellow to orange eyes are perched on dark stalks. The chelae contrast heavily with the carapace in that they are bright signal red. The upper face of the first dactylus bears six small humps. The contrast is greatest against the legs, which may be coloured from shades of blue and lilac to nearly pitch black. For its part, the ventral side is coloured in hues of reddish orange.

Fig. 103: *Geosesarma* cf. *rouxi* is a crab with an interesting colouration that has made an appearance in the hobby only recently.

Natural habitat

No reliable information exists on the distribution range and natural habitat, but it may be safe to suppose that this species also occurs along small rivulets or streams in rainforest ecosystems.

Terrarium and co-habitation

A terrarium measuring 40 × 30 × 30 centimetres should be used for keeping one or two males in the company of two females because the males are relatively territorial. It is also recommended to make available two water bowls, so that the crabs need not compete for the use of one.

Behaviour

As mentioned, the males can present themselves as relatively territorial. If you keep this particular in mind when structuring the terrarium, specimens of G. cf. *rouxi* will reward you with showing themselves outside their shelters quite regularly. The crabs are typically very active around dusk and will then rummage throughout their terrarium in search of food.

Diet

G. cf. *rouxi* has a predilection for carnivorous food such as dead crickets, dried daphnia, or dried mosquito larvae. It will also occasionally feed on flake fish food and vegetarian matter. With regard to the latter, SINGHEISER noted that these crabs would feed on dry oak, beech and sea almond leaves if these were placed in the aquatic section of the terrarium and left to soak a bit. Juveniles have a taste for *Collembola*, and adult specimens are skilled hunters of small crickets and non-flying houseflies.

Fig. 104: Another one-year old juvenile of *G.* cf. *rouxi* that has not yet started to change its colours; these animals are perfectly camouflaged on the dark bottom substrate and hardly shy when they forage in their terrarium. This juvenile feeds on freshly supplied "Beach Buffet" manufactured by Repashy. Photo: MARTIN SINGHEISER

Fig. 105: A juvenile of *G.* cf. *rouxi* of about one year of age, starting to change its colours; the red chelae are already distinct. Photo: MARTIN SINGHEISER

Propagation and maternal care

Reports from exporters and collectors suggest that this species will produce numerous young per litter. However, SINGHEISER incidentally discovered only about 25 juveniles that had been released into the water bowl of the terrarium by a female that had obviously been imported gravid. The actual average number of young per litter thus remains uncertain. Like with all species of *Geosesarma*, there should always be a small tuft of Java moss in the water in which possible juveniles can hide. Following initial observations made by SINGHEISER, the baby crabs will develop nicely, even if not fed a particular juvenile diet, by feeding on plant matter in the aquatic section, rotting leaf litter, and springtails. They appear to not be adversely inclined towards flake fish food and dried shrimps either, as juveniles were commonly found on these feeds as well. Some young were raised in the company of adults, whereas others grew up under the same conditions in a small separate container with both a terrestrial and an aquatic section. Preliminary observations indicated that the two groups would apparently grow at about the same pace. The adult crabs left the babies alone, which might be a result of an increased food supply, however. The juveniles often moulted after their water had been partially replaced. In the care of SINGHEISER, they were most commonly seen in the water and readily made use of pieces of cork bark that extended beyond the edge of the water so that they could quickly switch between water and land habitats yet remain exposed to moisture at all times.

Life expectancy

This species may be supposed to have a life expectancy of about three years.

Annotations

This is a very pretty and easily maintained species that first appeared on the trade list of a Jakarta-based exporter in 2014. It was probably imported into Europe for the first time in this year as well.

Geosesarma sp. "Black Leg"

Fig. 107: Dorsal view of a male of *Geosesarma* sp. "Black Leg"; note the orange carapace and the orange-coloured posterior side of the eyestalks with the black eyes.

Name

The trade name of this species is Black-legged Vampire Crab.

Distribution

This species was first discovered by Martin Höhle in Banyumas District of central Java, Indonesia, in February of 2016. Specimens have been imported by the Pet Factory in March of the same year. However, almost exclusively male crabs have been delivered with the first shipment. However, they found almost exclusively male specimens.

Fig. 106: A pair of *Geosesarma* sp. "Black Leg" in the natural habitat on the island of Java; the male is readily identified on the basis of his larger and more massive chelae from the slightly more delicately built female.

Size and appearance

Individuals of G. sp. "Black Leg" grow to about three centimetres in maximum carapace width. The carapace is bright orange in colour, the legs are black, and the eyestalks are orange-brownish to black. The chelae and first pairs of walking legs are bright violet in adult specimens. Another conspicuous trait is that the carapace will be heavily serrated below the eyes. Younger specimens differ from adults by their legs being brownish in colour. Whether this feature indicates an altogether brownish juvenile camouflage coloration remains to be seen when the first terrarium-produced babies have been produced.

Natural habitat

Individuals of the species were discovered in the vegetation next to small rivulets, occasionally also under and between rocks.

Terrarium and co-habitation

A terrarium measuring 30 × 30 × 30 cm will be large enough for housing a small group comprising one male and two females if it is well structured and optimised for space. A larger colony will obviously have to be accommodated in a correspondingly larger tank.

Behaviour

With this species having been imported for the first time only in March of 2016, very little can as yet be said about its behaviour. These crabs appear to be quite extrovert in disposition. With females being almost unavailable, male-only colonies were successfully kept in adequately sized and well-structured terraria. SINGHEISER has been managing with great success to keep three males and one female together in a terrarium outfitted richly with *Sphagnum* moss, pieces of cork, *Ficus* and bromeliads. The crabs will find themselves cavernous retreats for the hours of daylight and emerge for actively exploring the terrarium at dusk.

Diet

This species is omnivorous and needs a widely varied diet. SINGHEISER noted that crickets are hunted with particular determination, but dried daphnia, fish flake food, and Repashy Grub Pie are also readily fed on.

Propagation and maternal care

Owing to the small number of females that have become available as yet and the short period of time from the first import to finalising this book, no information can be provided on the reproduction biology and likely maternal care of this species. The situation in which *G.* sp. "Black Leg" was found in nature suggests that it belongs to those species that are less strictly bound to open water.

Life expectancy

Nothing can as yet be stated about the life expectancy of this species.

Fig. 108: An adult male of Art *Geosesarma* sp. "Black Leg", illustrating the typical orange carapace, the black legs, and the bright lilac "scissors".

Geosesarma dennerle "Vampir"

Geosesarma dennerle

Geosesarma spec. Metallic

Geosesarma krathing

Geosesarma pontianak

Geosesarma spec. "White Arm"

Geosesarma cf. *tiomanicum*

Geosesarma dennerle "Blue"

Geosesarma spec. "Golden Eye"

Geosesarma hagen

Geosesarma cf. *rouxi*

Geosesarma spec. "Black Leg"

Species imported as *Geosesarma*

In the following chapter, we will portray various species that have in the past been erroneously imported as representatives of the genus *Geosesarma* or whose taxonomic allocation to the genus *Geosesarma* has not yet been proved beyond doubt.

Geosesarma sp. "Borneo Chocolate"

Name
This species has probably not been scientifically described and named yet. Specimens in the care of the authors' were given the name G. sp. "Borneo Chocolate" by their exporters.

Distribution
The origin of G. sp. "Borneo Chocolate" is given merely as Borneo without exporters parting with any more precise locality information.

Size and appearance
The dorsal side of the carapace and the legs of most individuals are uniformly light to dark or cocoa-brown, whereas the ventral face of the shell will usually be a little lighter. Whether this provides these crabs with improved camouflage on forest soil can only be surmised as their natural habitat has remained unknown until now. A few specimens in the imports were noteworthy for their violet carapace colouration, which might be indicative of their representing a colour morph or possibly even another species. The eyes of all specimens were uniformly black. The chelae are much lighter, though, ranging from milky white translucent to amber-coloured, and contrast against the dark body. The carapace width of these crabs can reach three centimetres.

Natural habitat
No information exists on the natural habitat of G. sp. "Borneo Chocolate" as yet, as exporters continue to keep this a secret as well.

Terrarium and co-habitation
A cubic terrarium of 30 cm in edge length will provide enough space for keeping one male and two females. The floor space should be enlarged to 60 × 30 cm if you wish to keep a colony of six specimens, for example. The terrarium should then contain several water bowls so that inferior specimens will also have a chance of entering a body of water when they need to.

Fig. 109: Specimens of *Geosesarma* sp. "Borneo Chocolate" are imported quite rarely, which is probably due to their more inconspicuous colouration.

Behaviour

This species has so far been imported on only a few occasions, and hardly any observations have revealed details on its ecology, because these crabs would only leave their refuges under the cover of night. This secretive lifestyle obviously necessitates their terrarium to be furnished with a multitude of shelters and cavities, but these will at least be readily accepted.

Diet

Keeping these crabs in terraria demonstrated them to be omnivorous, accepting both animal protein in the shape of dried daphnia and vegetable matter.

Propagation and maternal care

Nothing can be stated about the reproductive biology of this species at this stage, as no gravid females appear to have ever been imported nor has any information emerged from successful captive propagation. It may be safe to suppose a direct reproductive mode for these freshwater crabs, however.

Life expectancy

The life expectancy of these crabs also lies in the region of about three years, as individuals that were imported as adults continued to live for roughly another two years under terrarium conditions.

Fig. 110: Very little has so far become known about the husbandry and propagation of this species.

Geosesarma sp. "Borneo Orange Arm"/ *Lepidothelphusa* sp. "Orange Arm"

Name

This crab has not been scientifically described and named either and is therefore referred to by its most prominent feature, the bright orange chelae, as "Orange Arm". Distribution: The exporter would only reveal that this crab originates from Borneo without unfortunately parting with more precise locality information.

Size and appearance

The general colour pattern of the body, legs and arms is highly reminiscent of that of G. sp. "Borneo Chocolate", but the chelae are entirely dissimilar. Rather than a pale milky or amber-colour, the "scissor hands" of this species stand out in bright signal orange with white tips. Large males furthermore sport conspicuous furry tufts on the tips of their chelae. The general appearance of these crabs with their large chelae bears some resemblance to fiddler crabs, and preliminary observations suggest that the chelae are used for intraspecific communication (HÖHLE pers. obs.). Whether this crab is a colour morph of G. sp. "Borneo Chocolate" that differs by its differently coloured "scissor hands" or a species in its own right still needs to be investigated; NG (pers. comm.) thinks that it might be an undescribed species of the genus *Lepidothelphusa*. These crabs can reach carapace widths of three to four centimetres.

Fig. 111: Male specimens of this taxonomically unresolved species sport enormous signalling chelae that are reminiscent of those of fiddler crabs.

Fig. 112: Although quite attractive in its looks, this species could not be firmly established in the hobby through successful propagation.

Natural habitat
According to information obtained from the exporter, the occurrence of these crabs is bound to the presence of water with most specimens being encountered along small streams and rivulets.

Terrarium and co-habitation
A cubic terrarium of 40 cm in edge length is required and must include a much larger aquatic section than would normally be used for accommodating a species of *Geosesarma*. A large water bowl with a volume of several litres will be readily accepted.

Behaviour
Crabs of this species will often take to the water and hide under flat stones. They feed both in the water and in the adjacent moist terrestrial zones. Keeping several males is possible if the terrarium is large enough and richly structured so that individuals can properly demarcate their territories. Adult males may be a little quarrelsome amongst themselves.

Diet
Lepidothelphusa sp. "Orange Arm" is an omnivorous species even though the active hunting that is known from some other species has not yet been observed.

Propagation and maternal care
Nothing has become known so far about the reproductive biology of these crabs. Imports did not contain gravid females either so that no information on their captive breeding can be provided at this stage.

Life expectancy
The life expectancy of these crabs also ranges in the region of two to three years. Specimens imported as adults continued to live for more than a year under terrarium conditions.

Annotations
Fresh imports may be quite short-lived, but will stabilize quickly when placed in a well-established terrarium. This is a species that can be recommended only to the experienced keeper of crabs. It is available from the commercial trade only very rarely.

Thaksinthelphusa sp. "Borneo Blue"

Name
This species has been exported under the trade name *Geosesarma* sp. "Borneo Blue". Only a few specimens have as yet become available.

Distribution
Locality information is limited to "Borneo".

Size and appearance
Thaksinthelphusa sp. "Borneo Blue" exhibits a dark blue to almost black body with the legs being coloured likewise. The eyes are black and do not therefore stand out prominently. The only more conspicuous feature is the colouration of the chelae, which are white to amber in colour, almost transparent in places, and appear over-proportionally long at least in male specimens. The maximum carapace width measures some three centimetres.

Natural habitat
No reliable information exists on the natural habitat of this crab. Its behaviour in the terrarium suggests it to be bound to habitats near bodies of water.

Terrarium and co-habitation
Although no intraspecific aggression has been noted thus far, these crabs should best be kept in a spacious terrarium with a sufficiently large aquatic section. Positive experiences were made in tanks with a minimum floor space of 40 × 40 cm in which many visual barriers had been erected. The presence of the latter appears to be key to avoiding stress for the males. Owing to the small number of specimens that have been imported as yet, hardly anything reliable can be stated about the composition of colonies.

Behaviour
These crabs have presented themselves as moderately secretive under terrarium conditions. Like *Lepidothelphusa* sp. "Borneo Orange Arm", this crab is clearly bound to water and its behavioural expressions are comparable to those of this species as well.

Diet
Thaksinthelphusa sp. "Borneo Blue" has also turned out to be omnivorous, so that providing it with a widely varied diet will be a straightforward affair. It has been noted that adult crabs will sometimes feed under water, too.

Propagation and maternal care
No information exists as yet on the captive propagation and possible maternal care of this species. Being a freshwater crab, it may be supposed to have a direct development, however.

Life expectancy
The life expectancy lies in the region of three years.

Annotations
This form was imported alongside *G. dennerle* "Vampire" as one of the first colourful miniature crabs to enter the terrarium market. It has unfortunately failed to establish itself in the hobby as yet.

Fig. 114: Male specimens of *Thaksinthelphusa* sp. "Borneo Blue" probably also have a signalling chela.

Lepidothelphusa cognetti NOBILI, 1903

Name

This species has been available in the terrarium trade under names like Death-headed Crab, Panda Crab or White-scissored Crab.

Distribution

Lepidothelphusa cognetti originates from the state of Sarawak in the Malaysian portion of the island of Borneo with two exact localities having become known to date.

Size and appearance

Specimens representing this species may grow to a maximum of two centimetres in carapace width. The carapace is white to whitish blue and orange in the anterior portion. Some individuals may be predominantly orange above, with the colour fading to orange white on the lower edge of the carapace. Most of these individuals will also sport rather orange chelae, with lighter specimens also having lighter coloured "scissors". The legs are black to blackish blue, but may also be dark brownish in relatively young specimens and some females. The eyes including their stalks are always black to blackish brown. Adult males are noteworthy for having one conspicuously enlarged chela that will be nearly pure white in the "palm" section. Some individual males will furthermore sport a dark furry patch on the tips of their "scissors".

Natural habitat

These crabs are predominantly found along flowing water bodies.

Terrarium and co-habitation

A cubic terrarium of 40 cm in edge length will be large enough for two males and two or three females. Larger tanks with a relatively spacious aquatic and a richly structured terrestrial section with a bottom substrate the crabs can dig in should be given preference in general.

Behaviour

This species is fairly extrovert (HÖHLE), even though PAULI & STUTZ state the contrary on their homepage (www.krabbenwelt.de). Their specimens also try to avoid the more brightly illuminated parts of the terrarium. Males can be quarrelsome amongst each other, but in general, these crabs will be quite compatible. Their peak activity time appears to be at dusk or in the night, although they can also be seen during the day. They will excavate their own shelters from the land substrate, which necessitates it to be fit for digging. Prefabricated refuges are accepted as well. The females in particular will largely stay in their shelters during the breeding season (PAULI & STUTZ).

Diet

Lepidothelphusa cognetti is omnivorous in its dietary habits. PAULI & STUTZ note that they will also nibble at soaked elder cones and pieces of bark.

Propagation and maternal care

L. cognetti has so far been propagated in captivity only on a few occasions (PAULI & STUTZ). The females will engage in active maternal care. A clutch comprises about 40 eggs, with the light yellow eggs being substantially larger than those commonly found in the genus *Geosesarma*. The females release their young into freshwater where the latter will largely remain for the first six months of life.

Life expectancy

These crabs have a life expectancy of approximately three years.

Annotations

This species is listed as 'endangered' by the IUCN (May 2015) for which reason it should preferably be kept by experienced crab keepers where chances are that the rarely available specimens can be used to form a founder population for captive breeding that may ensure their perpetuation in the terrarium hobby.

Fig. 115: *Lepidothelphusa cognetti* is also quite befittingly known as the "Panda Crab" or "Death-headed Crab".

Metasesarma obesum DANA, 1851

Name

This crab is also known by its trade name, Marbled Crab.

Distribution

The distribution range of this species extends nearly throughout the Indian Ocean, from Zanzibar and Madagascar in the west, via Sri Lanka, the Philippines, Borneo, Java, Malaysia, to the Easter Islands in the east. It is also found on islands without freshwater springs (NG & SCHUBART 2003).

Size and appearance

Metasesarma obesum grows to carapace widths of approximately 20–25 mm. The dorsal colour pattern of the carapace is quite variable. Smaller specimens are typically largely white to beige with few dark markings. As they grow and become older, these markings and spots will turn increasingly dark and may change their hue, ranging from reddish via green to yellowish, and create the name-lending marbled pattern. The chelae usually correspond to the colouration of the shell, and the legs will not be coloured differently either.

Natural habitat

The natural habitat consists of gravel or sand beaches.

Terrarium and co-habitation

Considering that these crabs live on beaches, the floor space of their terrarium should be a little larger than what is usually required for keeping most species of *Geosesarma*. A colony of four specimens should thus be housed in a tank measuring 50 × 30 × 30 cm, for example. It needs to be outfitted according to the situation in nature, and a bottom substrate mixed from gravel and sand will therefore be called for. With beaches being exposed to tides that vary in degree, a shallow water bowl filled with seawater should not be wanting. The terrarium must be misted on a daily basis in order to facilitate the intake of freshwater.

Fig. 116: A young, yet sexually mature pair of *Metasesarma obesum*.

Fig. 117: Every specimen sports an exclusive pattern or marbling so that individuals can be told apart with ease.

Behaviour

These crabs will usually present themselves as fairly extrovert following a period of acclimatizing. These observations by HÖHLE correspond to those described by RADEMACHER & MENGEDOHT (2011).

Diet

Metasesarma obesum are omnivorous and not at all adversely inclined towards vegetarian foods, but appear to prefer carnivorous prey when given a choice.

Propagation and maternal care

Little has emerged thus far about this species' maternal care or its propagation in the terrarium in general. With these crabs living on beaches, their larvae will require saltwater for their development.

Life expectancy

Provided with proper care, these crabs will live to an age of three years or more.

Annotations

Using a few items such as leaves, coconut husks, and small sticks that could well have washed up on a shore, the terrarium can be naturalistically structured (RADEMACHER & MENGEDOHT 2011). In spite of their living right on the edge of oceans, it has proven beneficial to mist the tank with freshwater daily. This will not only raise the level of humidity, but also appears to be a trigger for the crabs to exit their shelters. They can then often be seen seeking out small accumulations of the misting water and bathing in them. This behaviour is likely applied to control their saline balance.

Fig. 118: *Metasesarma obesum* is a moderately large species with an extreme extent of polychromatism.

Metasesarma aubryi Milne-Edwards, 1869

Name
These crabs are also offered under the trade name Red Chameleon Crab.

Distribution
Similar to *Metasesarma obesum*, these crabs originate from a vast portion of the Indian Ocean where they occur along the shorelines. They are not encountered on Zanzibar and Madagascar, however.

Size and appearance
Metasesarma aubryi grows to carapace widths of about 3 cm and thus is a little larger than *Metasesarma obesum*. The dorsal side of the carapace is dark to black in colour. A wide red stripe runs down the side of the carapace from the head to about the level between the second and third pairs of walking legs. The legs usually match the upper side of the carapace in colour, but the first segments of the first two pairs of legs may exhibit a faint red colouration. The chelae are dark red, fading to pale pinkish red or whitish towards the tips. The eyes are yellowish to black.

Natural habitat
M. aubryi inhabits the coastal forests and usually lives on a sandy/earthy substrate that permits the excavation of long and deep shelter tunnels. Specimens are occasionally also encountered hiding under fallen tree trunks, rocks or stones.

Terrarium and co-habitation
Accounting for their ecology, a wide terrarium with a high bottom portion should be granted to these crabs so that they will be able to excavate their shelter tunnels. Tanks measuring 50 × 40 × 40 cm have proven to offer enough space for a colony of four or five specimens. There should be more females than males present. A proper bottom substrate can be mixed from sand and terrarium humus. Alternatively, you may want to use a lower but wider tank in which the bottom substrate rises towards the rear wall. The ersatz habitat can be naturalistically decorated with a variety of small sticks, dry leaves of bamboo or coconut palm, and a few nutshells and husks (e.g., silkrubber seedpods, tropical chestnut). A bowl with freshwater should not be missing from their terrarium.

Behaviour
These crabs show themselves fairly often in their terrarium, the frequency of which appears to depend on how their tank is set up. The specimens in the care of Rademacher & Mengedoht (2011)

Fig. 119: Compared to true *Geosesarma* spp., *Metasesarma aubryi* is a fairly large crab with an interesting colour pattern.

Fig. 120: *Metasesarma aubryi* is highly variable in its colouration, with the lighter orange specimens usually being females or young males.

Fig. 121: This species is equipped with massive "scissor hands", which the crabs will also use to try and fend off their keeper.

were rarely seen after they had completed excavating their deep underground shelters and tunnels. A more practical design therefore might be to furnish the tank with a bottom substrate mixed from terrarium hums and coconut fibres that is kept rather low in the front, rises towards the rear, and is richly structured on its surface with finer and coarser leaf litter that covers small cork or earthenware tubes that offer the crabs ready-to-move-in refuges.

Diet

Animals representing this species are omnivorous, but appear to have a predilection for plant matter.

Propagation and maternal care

Little has emerged thus far about this species' maternal care or its propagation in the terrarium in general. With these crabs living on beaches, their larvae will require saltwater for their development. It is thought, however, that the larvae actually hatch in freshwater, but are then quickly flushed into brackish or saltwater where they will then continue to develop.

Life expectancy

Provided with proper care, these crabs will live to an age of three years or more.

Annotations

Regularly misting their terrarium has proven to be beneficial in the keeping of *M. aubryi*, because these crabs appear to frequent water bowls rather rarely. Raised humidity levels also caused them to show themselves more often outside their refuges. Misting and feeding at the same time may motivate these crabs to exit their shelters.

Glossary

abdomen	the belly or lower body. In crabs, individual segments of the abdomen (pleon) may carry limbs.
adult	fully grown, sexually mature
aquatic	living in water
autotomy	the voluntary dropping of limbs as a defence strategy
carapace	the dorsal shell of crabs
carnivorous	feeding on meat
caudal	referring to the rear (tail) end
cephalothorax	the body segment of crabs that has formed from the fusion of the head and chest segments
cf.	from Latin confer – compare; used in science to refer to forms or species that cannot be properly identified but are comparable to the species whose name follows
chela	the scissor-like "hand" of crustaceans and scorpions; plural: chelae
cuticula	actually a thin skin or skinny membrane; an acellular top layer that is secreted from epithelia (tissues) to form the exoskeleton
dorsal	referring to the back (dorsum)
ecdysis	from the Greek word for "creeping out"; in crustaceans, the periodic shedding of the old body cover (cuticula) and its replacement with a new one (moult) that is required to facilitate growth
ecdysone	a hormone that plays a key role in moulting
ectoderm	the outermost germ layer in embryonic development from which the skin, nervous system, and sensory organs form
endemic	occurring exclusively in a clearly delimited area
endoderm	the innermost germ layer of the embryo during the early stages of development from which, for example, the digestive tract forms
endopodite	the part of the biramous foot of crustaceans that points towards the body, consisting of several articulations
exopodiet	the part of the biramous foot of crustaceans that points away from the body, consisting of several articulations as well
exoskeleton	the skeletal shell that keeps the crustacean body in its shape
exuvia	cuticula (exoskeleton) of the crab that is left behind as an empty shell after moulting
flabellum	brush-like gill structure
gonopods	the male sexual organs of crabs
gonopores	the female sexual organs of crabs
habitat	the typical natural environment in which an organism lives
habitus	phenotype, appearance
haemocyanin	the blood pigment of crustaceans that serves the transportation of oxygen

haemolymph	Because crustaceans do not have a closed blood circulation system, their blood will mix with lymphatic fluid, thus forming haemolymph. It diffuses between the body cells and in this manner supplies them with oxygen and nutrients and at the same time liberates them of waste products and CO_2.
herbivorous	feeding on plant matter
juvenile	not yet sexually mature
lethal	deadly
mandible	the mouthpart used for fragmenting food
marine	referring to the sea, mostly used in the sense of 'living in the sea'
maxilla	mouthparts used for ingesting food
mesoderm	the central germ layer of the embryoblast during the embryonic development from which muscles, connective tissues, the muscles of the inner organs, but also the sexual organs and components of the blood vessels form
Oesophagus	food pipe
ommatid	a single eye in the complex compound eyes of arthropods
omnivorous	feeding on both plant and animal matter
ostiae	influx openings in the heart of crabs through which the haemolymph enters after having been enriched with oxygen in the gills and from where pumped on into the body
pleon	the rear portion of the body of crustaceans that may be folded forward onto the belly in some
pollex	the rigid finger-like structure of the chela
protopodite	the basal segment of the biramous foot of crustaceans that connects it with the body, consisting of the coxopodite and the basipodite
pylorus	exit of the stomach
receptaculum seminis	a.k.a. sperm pocket; serves to store sperm in functional condition in the female's reproductive system for a certain period of time after mating for later fertilization of eggs
salinity	the content of salt in a liquid
setae	bristles, (sensory) hairs; often coated with chitin
semiterrestrial	an amphibian lifestyle, i.e., living both in the water and on land
sp.	abbreviation of Latin 'species'; used in taxonomy for an unidentifiable species
spec.	abbreviation of 'specimen'
statocyst	the organ that serves the static sense, consisting of a bladder filled with a liquid surrounding one or several 'stones' made up of calcium (statholites) that are suspended on very fine sensory hairs, exert pressure on them when the animal moves, and in this manner

	trigger nerve impulses that transmit information to the brain on the body position relative to the ground
systematics	a discipline in biology that aims at describing and hierarchically ordering the diversity of organisms (taxa) according to their evolutionary relationships;
taxon	from the Greek word for 'formation' or 'ranking'; representing a unit in biological systematics, for example, a species, a genus, a family, an order, or a phylum
taxonomy	the theory and praxis of classifying and naming organisms (usually) on the basis of anatomical, morphological and/or genetic characteristics that differentiate one organism from all others for the construction of a phylogenetic system (tree of life; systematics)
telson	the rectal segment of crabs
tergite	the dorsal plate of the exoskeleton (shell) of arthropods that is connected to the sternite covering the ventral side and the pleurites covering the flanks
terrestrial	living on land
territorial	maintaining a delimited space (territory) to live in and exploit for resources exclusively or with one or more reproductive partners within a (natural or artificial) habitat that is defended against competitors usually by expressions of aggression
ventral	referring to the belly (venter) or underside

References

FRITZSCHE, I. (2008): *Geosesarma* sp. Mandarin – Die Mandarinkrabbe. Arthropoda, 15 (3):31.

FRITZSCHE, I. (2008): *Geosesarma krathing* NG und NAIYANETR, 1992 aus Thailand. Arthropoda, 16 (1): 79.

FRITZSCHE, I. (2008): *Geosesarma* sp. Yellow Eye. Arthropoda, 16 (1): 79.

GAULKE, M. (2009): Landkrabben auf Panay. DATZ 12:10–15.

MENGEDOHT, O (2014): Nach der Häutung ist vor der Häutung. terraristik 3–2014:44–48.

MENGEDOHT, O. (2015): Bunte Scherenträger. terraristik 1–2015:14–18.

MENGEDOHT, O. (2015): Keine Vegetarier. terraristik 1–2015:19.

MENGEDOHT, O. (2015): In den Tropen zu Hause. terraristik 1–2015:20–21.

MENGEDOHT, O. (2015): Ein Aqua-Terrarium für Mini-Scherenträger. terraristik 1–2015:22–24.

NARUSE, T. & JAAFAR, Z. (2009): *Geosesarma aedituens*, a new Terrestrial Crab (Crustacea, Decapoda, Brachyura, Sesarmidae) from Bali, Indonesia. The Raffles Bulletin of Zoology 57 (1):183–187.

NG, P.K.L. (1986): Preliminary Descriptions of 17 new Freshwater Crabs of the Genera *Geosesarma*, *Parathelphusa*, *Johora* and *Stoliczia* (Crustacea, Decapoda, Brachyura) from South East Asia. Journal of the Singapore National Academy of Science 15:36–44.

NG, P.K.L. (1988): The Freshwater Crabs of Peninsular Malaysia and Singapore. – S. i-viii, 1–156, 4 Tafeln. Department of Zoology, National University of Singapore, Shinglee Press, Singapore, 156 pp.

NG, P.K.L. (1992): *Geosesarma sabanus*, a new Sesarmine Crab (Decapoda, Brachyura, Grapsidae) from the Forest of Sabah, East Malaysia, Borneo. Crustaceana 63 (2):210–213.

NG, P.K.L. (2002): On a new Species of Terrestrial Crab of the Genus *Geosesarma* (Crustacea, Brachyura, Sesarmidae) from Sabah, Malaysia. Malayan Nature Journal. 56 (3): 303–310.

NG, P.K.L. (2015): Semiterrestrial crabs of the genus *Geosesarma* De Man, 1892 (Crustacea, Brachyura, Sesarmidae) from western Borneo, Indonesia, with descriptions of three new species. Zootaxa 4048 (1):037–056.

NG, P.K.L. & LIM, R.P. (1987): The Taxonomy and Biology of the Nepenthiphilous Freshwater Sesarmine Crab, *Geosesarma malayanum* NG & LIM, 1986 (Crustacea, Decapoda, Brachyura, Grapsidae) from Peninsular Malaysia. Malayan Nature Journal 41: 393–402.

NG, P.K.L. & NAIYANETR, P. (1992): Preliminary study of some Biology and Ecology of Tree-climbing crab (*Geosesarma krathing*, Ng and Naiyanetr, 1992) (Crustacea, Brachyura, Grapsidae). https://www.google.de/url?sa=t&rct=j&q=&esrc=s&source=web&cd=12&ved=0CGAQFjALahUKEwitvI3W24PHAhVCVBQKHVLbDDU&url=http%3A%2F%2Fwww.lib.ku.ac.th%2FKUCONF%2FKC4405044.pdf&ei=AIy6Va28IcKoUdK2s6gD&usg=AFQjCNERnnCb-XlVnsRfY-dTQEaV1f7RVpA&bvm=bv.99028883,d.d24

NG, P.K.L. & NAIYANETR, P. (1992): On a new Species of *Geosesarma* DE MAN, 1982 (Crustacea, Decapoda, Brachyura, Grapsidae) from Chanthaburi Province, Eastern Thailand. Zoologische Mededelingen 66:449–452.

Ng, P.K.L. & Davie, P.J.F. (1995): The Terrestrial Sesarmine Crabs of the Genera *Metasesarma* and *Geosesarma* (Crustacea, Decapoda, Brachyura, Grapsidae) of Ujung Kulon, West Java, Indonesia. Tropical Biodiversity 3 (1):29–43.

Ng, P.K.L. & Tan, C.G.S. (1995): *Geosesarma notophorum* sp. nov. (Decapoda, Brachyura, Grapsidae, Sesarmidae); a Terrestrial Crab from Sumatra, with novel Brooding Behavior. Crustaceana 68 (3):390–395.

Ng, P.K.L. & Schubart, C.D. (2004): On the Identities of *Sesarma obesum* Dana, 1851, and *Sesarma eydouxi* H. Milne Edwards, 1853 (Crustacea, Decapoda, Brachyura, Sesarmidae). Zoosystema 25 (3):425–437.

Ng, P.K.L., Liu, H.-C. & Schubart, C.D. (2004): *Gesoesarma hednon*, a new Species of Terrestrial Crab (Crustacea, Decapoda, Brachyura, Sesarmidae) from Taiwan and the Philippines. The Raffles Bulletin of Zoology 52 (1):239–249.

Ng, P.K.L., Guinot, D. & Davie, P.J.F. (2008): Systema Brachyurorum: Part I. An annotated Checklist of extant Brachyuran Crabs in the World. The Raffles Bulletin of Zoology 17:1–286.

Ng, P.K.L., Schubart, C.D. & Lukhaup C. (2015): New species of "vampire crabs" (*Geosesarma* De Man, 1892) from central Java, Indonesia, and the identity of *Sesarma* (*Geosesarma*) *nodulifera* De Man, 1892 (Crustacea, Brachyura, Thoracotremata, Sesarmidae). Raffles Bulletin of Zoology 63:3–13.

Pretzmann, G. (1985): Eine neue Krabbe der Gattung *Geosesarma* (Decapoda, Brachyura). Miscellanea Zoologica Hungarica. 3:81–82.

Rademacher, M. (2014): Farbenpracht auf zehn Beinen. Mit den kleinen Krabben der Gattung *Geosesarma* gewann die Faszination Krabbe deutlich an Zugkraft. caridina 2–2014:38–44.

Rademacher, M. & Mengedoht, O. (2011): Die Krabben-Fibel. Die schönsten Krabben für das Aquaterrarium. Dähne Verlag GmbH Ettlingen, ISBN 978–3–935175–67–8

Ruangprataungsuk, K., Dumrong-rojwattana, P. & Matchacheep, S. (2006): Preliminarty study of some biology and ecology of tree-climbing crab (*Geosesarma krathing* Ng and Naiyanetr, 1992) (Crustacea : Brachyura : Grapsidae). The Proceeding of 44th Kasetsart University Annual Conference 30 Janurary-2 February 2006; Subject Science : 333–338.

Rossow, F. & Zompro, O. (2009): Vampirkrabbe, Mandarinkrabbe und Verwandte – die Gattung *Geosesarma* De Man, 1892. Arthropoda, 17 (2):42–51.

Schubart, C.D. und Ng, P.K.L. (2014): Two new species of land-dwelling crabs of the genus *Geosesarma* De Man 1892 (Crustacea: Brachyura: Thoracotremata: Sesarmidae) from Bintan Island, Indonesia. Raffles Bulletin of Zoology 62:615–619.

Serène, R. und Soh, C.L. (1970): New Indo_Pacific Genera Allied to Sesarma Say 1817 (Brachyura, Decapoda, Crustacea). Treubia, 27(4):387–416, pls. 1–8

Stutz, P. (2013): Die Rote Vampirkrabbe (*Geosesarma sp.* Red). AQUAterra – Offizielles Organ des Schweizerischen Dachverbandes der Aquarien- und Terrarienvereine und den angeschlossenen Institutionen 2–2013:10–11.

Storch, V. und Welsch, U. (2014): Kükenthal – Zoologisches Praktikum. Springer Spektrum, 27. Auflage, ISBN-13: 978–3642419362.

TAN, H.H. & NG, P.K.L. (2008): First Record in Singapore of a Nepenthophilous Crab, *Geosesarma peraccae* (Crustacea, Decapoda, Brachyura, Sesarmidae): Nature in Singapore 1:201–205.

WALTHER, M. (2008): Krebstiere (Crustacea) – Biologie, Vorkommen, Haltung und Erkrankungen, sowie ihre Bedeutung als Zootierobjekte und Lebensmittelressourcen: ein Literaturstudie. Dissertation, Justus-Liebig-Universität Gießen.

YEO, D.C.J. & NG, P.K.L. (1999): A new Species of *Geosesarma* (Crustacea. Decapoda, Brachyura, Grapsidae) from Pulau Tioman, Peninsular Malaysia. The Raffles Bulletin of Zoology. Supplement No. 6:189–196.

YEO, D.C.J., CAI, Y. & NG, P.K.L. The Freshwater and Terrestrial Decapod Crustacea of Pulau Tioman, Peninsular Malaysia. The Raffles Bulletin of Zoology. Supplement No. 6:197–244.

Internet resources

NADAL, M.: www.wirbelloseandmore.de

PAULI, A. & P. STUTZ: http://krabbenwelt.de.tl

RADEMACHER, M., O. MENGEDOHT & H.-J. GÜNTER: www.panzerwelten.de

VON DRACHENFELS, E.-O.: www.aquanet.de

Fig. 122: A massive male (*G. krathing*), observing his surroundings from the safety of his shelter.

Acknowledgements

We very much thank the staff of The Pet Factory for their qualified assistance with identifying the crabs portrayed in this book and finding ways to keep them in terraria. We owe special thanks to Tobias "Fritten" FRIEDRICH for providing hands-on tips on how to keep certain crabs, as well as Dr. Anne HAUBOLD D.V.M. for her reviewing our manuscript and making very constructive comments on it. The authors would furthermore like to thank Oliver MENGEDOHT, Dr. Oliver ZOMPRO, and Monika RADEMACHER for their competently reviewing the manuscript, useful and constructive comments, as well as for supporting us with literature. We kindly acknowledge many valuable encouragements given by Uwe Seidel concerning successful breeding of exotic animals.

Particular thanks are due to Dr. Hans-Joachim HERRMANN for his literally inexhaustible patience in fine-tuning the manuscript. We owe thanks to Prof. Dr. Peter NG from Singapore for his furnishing us with numerous original publications and laying down the scientific foundation of the present manuscript.

For their providing of valuable information on natural habitats, supporting us in Indonesia, and making available numerous live crabs we thank Mssrs. Khiat BUN and Jeffrey Christian PANNAADHY.

Last but not least, the authors would like to thank Andreas BRAHM and Dr. Gerold SCHIPPER of Edition Chimaira without whose initiative this book would probably never have become a reality.

Fig. 123: A Mandarin Crab in its breeding terrarium.

the PET FACTORY
YOUR EXOTIC ANIMAL SUPPLIER
Ihr Spezialist für Landkrabben und andere Wirbellose, Spezialfuttermittel und Zubehör
ur specialist for land crabs and other
vertebrates, feed substrates and
cessories
land crabs
beetles
snails
spiders
millipedes
centipedes
ants
phasmids
mantids
... and many more
· Landkrabben
· Käfer
· Schnecken
· Spinnen
· Tausendfüßer
· Hundertfüßer
· Ameisen
· Phasmiden
· Mantiden
· ... und vieles mehr
Ständig große Auswahl an Geosesarma Arten aus Import und Nachzucht
Large selection of different Geosesarma species - imported and captive bred
Ve are distributor for:
ECONLUX
light up your dreams
F10® PRODUCTS
REPASHY SUPERFOODS
Back to Nature®
rtin Höhle
0049-5043-98-99-747
x 0049-5043-98-99-749
Wholesale - Import - Export
Süntelstr. 23
D-31867 Hülsede
www.thepetfactory.de
information@thepetfactory.de